DROIT SÉNÉGALAIS DES HYDROCARBURES (PÉTROLE ET GAZ)

Préface du Professeur Ismaïla Madior Fall

Patrice Samuel Aristide Badji

DROIT SÉNÉGALAIS DES HYDROCARBURES (PÉTROLE ET GAZ)

Préface du Professeur Ismaïla Madior Fall

L'Harmattan Sénégal

10 VDN, Sicap Amitié 3, Lotissement Cité Police, DAKAR

http://www.harmattansenegal.com
senharmattan@gmail.com
senlibrairie@gmail.com

ISBN : 978-2-14-020358-9
EAN : 9782140203589

DÉDICACE

À mon défunt père, puisse ton âme reposer en paix !
Aux miens,
À mon épouse Véronique, pour ton constant soutien ;
À mes Maîtres.

REMERCIEMENTS

L'auteur tient à remercier tous ceux qui de près ou de loin ont rendu possible la rédaction et la publication du présent ouvrage. Mention spéciale à Monsieur François Emmanuel Diouf, Doctorant en Droit Privé.

LISTE DES SIGLES ET ABRÉVIATIONS

AFDI : Annuaire français de droit international

APD : Archives de philosophie du droit

AUPCAP : Acte uniforme portant organisation des procédures collectives d'apurement du passif

AUSCGIE : Acte uniforme relatif au droit des sociétés commerciales et GIE

CADHP : Charte africaine des droits de l'homme et des Peuples

Chron : Chronique

CNUCED : Conférence des Nations unies sur le commerce et le développement

FIPOL : Fonds international d'indemnisation pour les dommages dus à la pollution par les hydrocarbures

Gaz.Pal : Gazette du Palais

IISS : International Institute for Sustainable Development/Institut International du développement durable

ISO : Organisation internationale de normalisation

JDI : Journal du droit international

JORS : Journal officiel de la République du Sénégal

MOU : Memorandum of understanding

OCDE : Organisation de coopération et de développement économique

OHADA : Organisation pour l'harmonisation en Afrique du droit des affaires

OPEP : Organisation des pays exportateurs de pétrole

OIT : Organisation International du Travail

PETROSEN : Société des Pétroles du Sénégal

PIDESC : Pacte International relatif aux droits économiques, sociaux et culturels

PUAM : Presses universitaires d'Aix-Marseille

PUF : Presses universitaires de France

RBDI : Revue belge de droit international comparé

RCCM : Registre du Commerce et du Crédit mobilier

RDC : Revue des contrats

RFDA : Revue française de droit administratif

RGDIP : Revue générale de droit international public

RIDE : Revue internationale de droit économique

RSD : Revue sénégalaise de droit

RTDCom : Revue trimestrielle de droit commercial

Rev.jur. et pol. : Revue Juridique et Politique Indépendance et Coopération

SAP : Société Africaine de Pétrole

SARL : Société à responsabilité limitée

SOMISEN : Société des Mines du Sénégal

UEMOA : Union Économique et Monétaire Ouest Africaine

V. Voir

PRÉFACE

La décision d'extraire la ressource pétrolière ou gazière reste soumise à une logique économique, contractuelle et fiscale définie par l'État hôte. Celui-ci, en tant que personne morale de droit public, s'assure de la mise en place d'un cadre juridique et institutionnel favorable à la gestion et à la valorisation des ressources d'hydrocarbures. Au Sénégal, la loi constitutionnelle n° 2016-10 du 05 avril 2016 portant révision de la Constitution introduit le droit de propriété du peuple sénégalais sur ses ressources naturelles et l'obligation de gestion transparente de celles-ci pour la croissance économique et le bien-être des populations (article 25-1).

Cette disposition innovante postule la nouvelle philosophie devant gouverner l'exploitation du pétrole et du gaz. L'article 5 de la loi 2019-03 du 1er février 2019 portant Code pétrolier, en rappelant la propriété du peuple sur ces ressources, insiste sur le principe que « la gestion des revenus pétroliers garantit notamment une épargne intergénérationnelle et répond au besoin de développement par la promotion des investissements publics dans des secteurs susceptibles d'augmenter le potentiel de croissance économique du pays *». À cet égard, la réussite de l'exploitation repose sur un régime juridique, contractuel, fiscal clair, un développement des capacités de gestion et de gouvernance publique dans le secteur, des infrastructures disponibles, du développement humain et de la diversification de l'économie, etc.*

Ainsi, la découverte conséquente d'hydrocarbures à partir de l'année 2014 a suscité, d'une part, un intérêt des compagnies pétrolières, et d'autre part, créé un enjeu majeur pour l'État qui a adopté un nouvel arsenal juridique et institutionnel en vue de sauvegarder et de sécuriser les intérêts économiques avec l'attractivité des investissements. C'est ce cadre mis en place par les pouvoirs publics que l'ouvrage du Professeur

Patrice Samuel Aristide Badji s'attache à analyser avec beaucoup de finesse, aux fins scientifiques de mettre en exergue l'intensité normative des textes intervenus dans le secteur pétro-gazier, ceci dans un temps long allant des débuts, notamment l'ordonnance de 1960 aux séquences les plus récentes ayant vu l'adoption des lois 2019-03 du 1er février portant Code pétrolier et 2020-06 du 7 février 2020 portant Code gazier.

Par ailleurs, il convient de retenir que les objectifs essentiels de réforme du secteur des hydrocarbures portent souvent sur le renforcement des pouvoirs de contrôle de l'État, la valorisation des hydrocarbures, l'augmentation des recettes de l'État, le renforcement des règles relatives au contenu local, l'adoption de règles de protection dans le domaine de l'environnement. Il s'y ajoute, que pour les États, le caractère épuisable et non renouvelable de ces énergies fossiles soulève des questions problématiques de régime fiscal, de contractualisation, d'affectation des revenus, de contenu local et d'équité intergénérationnelle.

L'auteur, en faisant l'option pertinente d'intituler l'ouvrage « Droit sénégalais des hydrocarbures *», marque une certaine originalité permettant de saisir les enjeux liés à l'exploitation des hydrocarbures à l'aune de la législation et de la réglementation.*

Dans cet ouvrage, qui arrive à point nommé, toutes les générations de législation pétrolière sont étudiées en relevant les spécificités de chaque code (1960, 1986, 1998, 2019), partant de l'ouverture du marché, de la valorisation du bassin sédimentaire sénégalais à la sécurisation des intérêts économiques du pays. À cet égard, le Code pétrolier de 2019 a introduit plusieurs innovations majeures, notamment la prise en compte des exigences de transparence dans la gouvernance des ressources extractives conformément à la Norme Initiative pour la transparence dans les industries extractives (ITIE), la définition d'une réglementation des opérations pétrolières, les demandes d'autorisation pour les opérations de stockage et de liquéfaction du gaz naturel, la prise en compte de la loi partages de revenus issus de l'exploitation des hydrocarbures, l'élargissement des dispositions relatives au contenu local... C'est le lieu de signaler que les innovations – que sont l'institution du processus d'appel d'offres dans l'octroi des blocs pétroliers, la commission d'examen et de négociation des contrats et l'obligation de déclaration des bénéficiaires effectifs des sociétés par les articles 12 et 55 du Code pétrolier – constituent, sans nul doute, une valeur ajoutée majeure à la gouvernance transparente des ressources d'hydrocarbures.

L'atout intellectuel majeur de Patrice Badji est sa parfaite maîtrise du cadre juridique et institutionnel qu'il analyse avec finesse en soulignant le rôle régalien de l'État en matière de régulation, de gestion du secteur et de promotion du contenu local. Justement ce dernier sujet qualifié de « cadre spécial » par l'auteur, est devenu, de par une volonté politique clairement exprimée par le Président Macky Sall, une priorité nationale depuis l'adoption de la loi 2019-04 du 1er février 2019 portant contenu local dans le secteur des hydrocarbures. Au surplus, le Conseil des ministres du 23 mars 2022 a élargi le champ d'application de cette loi au secteur minier, en adoptant à cet effet un projet de loi y relatif.

L'ouvrage aborde les opportunités offertes par le contenu local en termes de maximisation des retombées socio-économiques, de la fourniture locale des biens et services, de la création d'emplois locaux, de la participation du secteur privé national et du transfert de technologie. Les instruments opératoires de la loi tels que le Comité national de suivi du contenu local, le Fonds d'appui au développement du contenu local, la plateforme de mise en relation pourront sans doute contribuer à la mise en œuvre optimale des politiques du contenu local. Mais l'auteur s'interroge, tout de même, sur l'effectivité de la loi en termes d'application concrète. L'avenir et l'évaluation de la mise en œuvre du dispositif juridique prévus apporteront certainement les réponses attendues.

Enfin, l'ouvrage traite, de manière remarquable, de l'ingénierie contractuelle du secteur pétrolier et gazier au Sénégal (contrats de concession, joint-venture, contrats de services et contrat de partage production), en engageant la question controversée de la nature des contrats extractifs que l'auteur loge dans la catégorie des « contrats d'État *» ou des «* contrats spéciaux *» en rejetant la thèse de leur assimilation aux contrats de droit privé ou de droit administratif. Au demeurant, ce qui est déterminant, c'est le type de contrat privilégié par le pays, en l'occurrence le contrat de partage production affirmant la primauté de l'État sur la détention des droits pétroliers. En effet, ce type* *de contrat permet à l'État de limiter son exposition aux risques par le partage avec l'opérateur, tout en bénéficiant des investissements. En cas de découverte de gisement de pétrole, l'opérateur est remboursé par un pourcentage du pétrole produit, représentant le «* Cost-oil *» ou coût pétrolier qu'il a engagé et reçoit en plus, une part égale à celle de l'État de la production restante, appelée «* Profit-oil *» ou profit pétrolier.*

Le professeur Badji évoque l'équité dans la répartition des revenus, point important de la chaîne de valeur de l'activité pétrolière et gazière. Déjà, le projet de loi n° 03/2022 relatif à la répartition et à l'encadrement de la gestion des recettes issues de l'exploitation des hydrocarbures, transmis à l'Assemblée par décret 2022-101 du 19 janvier 2022, énonce des principes fondamentaux à savoir la budgétisation intégrale des recettes, l'interdiction de toute cession et d'hypothèque sur les ressources d'hydrocarbures et/ou de sûreté, la création d'un fonds de stabilisation et la création d'un fonds intergénérationnel. Le schéma de répartition retenu est : 90 % au maximum pour le budget ; 10 % au minimum pour le fonds intergénérationnel et le surplus de recettes abonde le fonds de stabilisation.

Au total, l'ouvrage de Patrice Samuel Aristide Badji constitue, assurément, une contribution majeure (doctrinale et pédagogique) à l'œuvre attendue des universitaires et des praticiens de systématisation du droit des hydrocarbures au Sénégal. Dans un pays qui entre dans l'ère de la production d'hydrocarbures et dans un continent en quête permanente d'un droit pétrolier et gazier plus équitable et plus profitable à son économie, cet ouvrage est indispensable. Il peut aider tout décideur, investisseur, spécialiste ou chercheur s'intéressant aux enjeux politiques, économiques, juridiques et contractuels du secteur pétrolier et gazier.

Ismaila Madior Fall
Agrégé de droit public et de science politique
Professeur titulaire des Universités de classe exceptionnelle
Ministre d'État auprès du Président de la République
Ancien ministre de la Justice/Garde des Sceaux
Ancien Président du Comité national de l'initiative pour la transparence dans les industries extractives (ITIE)

INTRODUCTION

> « S'il est possible, dans une institution nouvelle, de calculer les avantages que la théorie nous offre, il ne l'est pas de connaître tous les inconvénients que la pratique seule peut découvrir »[1]

1. Aussi paradoxal que cela puisse paraître, le Sénégal a toujours été un pays pétrolier et gazier. Pour s'en convaincre, il n'est que de se référer à la loi-ordonnance n° 4 du 22 décembre 1959 fixant le régime juridique et fiscal de la recherche, de l'exploitation et du transport des hydrocarbures, à l'ordonnance n° 60-24 MTP fixant le régime juridique et fiscal de la recherche, de l'exploitation et du transport des hydrocarbures[2] et du Décret n° 64-363 du 20 mai 1964 approuvant une convention-type d'établissement, conformément aux dispositions de l'article 6 de l'ordonnance n° 60-24 du 10 octobre 1960 fixant le régime juridique et fiscal de la recherche, de l'exploitation et du transport des hydrocarbures[3]. Depuis la découverte en 2014 par KOSMOS Energy de puits de gaz[4], il faut se rendre à l'évidence : le Sénégal est plus un pays gazier que pétrolier, pour ne pas dire plus à « fort potentiel » gazier que pétrolier[5]. Pourtant, historiquement, le pétrole brut a été jugé ressource énergétique la plus digne d'intérêt, le gaz naturel étant considéré comme tout à fait accessoire, voire gênant[6]. Ensuite, même en situation de

---

[1] Portalis cité par FENET, *Recueil complet des travaux préparatoires du code civil*, I, 466.

[2] JORS du 15 octobre 1960, pp. 1062-1072.

[3] JORS, 13 juin 1964, pp. 728-735. Cette ordonnance a été ratifiée par la loi n° 61-23 du 10 mars 1961 (J.O.R.S, 30 mars 1961, p. 432).

[4] V. Exposé des motifs de la loi n° 2019-03 du 1er février 2019 portant Code pétrolier.

[5] L'expression « à fort potentiel » traduirait certainement la prudence du législateur sénégalais à verser dans un optimisme béat de nature à permettre de se rendre à l'évidence que le Sénégal n'en est qu'à ses débuts en matière d'industrie pétrolière.

[6] Manin P., « Exploitation du gaz naturel et transformation des structures juridiques », *in Les hydrocarbures gazeux et le développement des pays producteurs*, Librairies Techniques de Paris, 1974, p. 201.

concurrence désormais, cette ressource demeure la moins coûteuse, la plus disponible, la plus omnipotente et la plus utilisée jusqu'en 2035 au moins selon l'AIE[7]. La création de l'Agence internationale de l'énergie (AIE) est l'une des conséquences du premier « choc pétrolier », celui de 1973-1974[8]. Elle repose à la fois sur un traité international, l'accord relatif à un programme international de l'énergie signé à Paris le 18 novembre 1974 et sur une décision du Conseil de l'OCDE du 15 novembre 1974[9]. L'un des enjeux découlant de cette situation c'est la concurrence réelle ou supposée avec des pays à fort potentiel gazier tels que ceux de l'OPEP. Pour rappel, l'OPEP est une organisation intergouvernementale qui a vu le jour en 1960. Elle est destinée à défendre les pays exportateurs de pétrole qui sont en même temps des pays sous-développés[10].

2. L'État hôte ainsi que les investisseurs restent soumis à des normes, pratiques internationales, aux usages[11], codes de bonne conduite, aux principes et déclarations.

---

[7] ESSAGA Stéphane, *Droit des hydrocarbures en Afrique, Recueil commenté de textes*, L'Harmattan, 2013, p. 19 ; Adde, Hassan G, « Les batailles du gaz », *Alternatives économiques*, Hors-série n° 94, 4e trimestre 2012, p. 84.

[8] Selon Jean Honorat, l'inflation s'est accélérée à la suite de la crise pétrolière de 1973 ; HONORAT Jean, « Les indexations contractuelles et judiciaires », *in Études Jacques FLOUR*, pp. 251-304.

[9] MANIN Philippe, *Le centre pour le règlement des différends de l'agence internationale de l'énergie*, AFDI, 1981, p. 231.

[10] FISCHER Georges, « L'organisation des pays exportateurs de pétrole », AFDI, 1950, pp. 163-172. L'auteur a non seulement mis en évidence les caractères du pétrole (économie dépendante, ressources les plus importantes dans les pays sous-développés, mais exploitées par des multinationales liées entre elles par des cartels, problèmes stratégiques, politiques posés par l'accès aux ressources et leur exploitation), mais a également précisé que l'exploitation des ressources est caractérisée par les ententes et les accords de cartel.

[11] Le législateur sénégalais, dans le Code pétrolier de 2019, a fait le choix de distinguer les usages de la pratique, deux mécanismes de l'industrie pétrolière et gazière ne s'assimilant pas. Ainsi, l'expression « en usage dans l'industrie pétrolière », ne doit pas être confondue avec les usages. Pour rappel dans la loi n°98-05 du 08 janvier 1998 portant code pétrolier, on parlait de « règles de l'art en usage dans l'industrie pétrolière ». Tout comporte fait, cette distinction est visible tant au sein de la loi (article 239 AUDCG. Suivant cette disposition, les usages sont consentis par les parties là où les pratiques sont établies. V. également l'article 177 du même Acte uniforme).

L'expression « normes » apparaît tant dans la loi n° 2019 portant code pétrolier (norme ITIE, articles 2, 32, 52 et 60), la loi relative au contenu local dans le secteur des hydrocarbures que dans la loi n° 98-31 du 14 avril 1998 relative aux activités d'importation, de raffinage, de stockage, de transport et de distribution des hydrocarbures (article 16) sans recevoir une quelconque définition. À coup sûr, la distinction normes techniques[12] et normes juridiques[13] gardera tout son sens[14]. Dans la société contemporaine, les normes techniques sont présentes dans la conception et l'utilisation de chaque produit et service d'usage quotidien[15]. L'organisation internationale de la normalisation (ISO) définit la norme comme une « spécification technique ou autre document accessible au public, établi avec la coopération et le consensus ou l'approbation générale de toutes les parties intéressées, fondé sur les résultats conjugués de la science, de la technologie et de l'expérience, visant à l'avantage optimal de la communauté dans son ensemble et approuvé par un organisme qualifié sur le plan national, régional ou international »[16]. Même si d'autres définitions de la norme technique existent, il semble que celle avancée soit une définition de consensus. L'étude des normes techniques est intrinsèquement liée à celle de la normalisation. Elle est définie par l'article 1er du Décret n° 2002-746 du 19 juillet 2002 relatif à la normalisation et au système de certification de la conformité aux normes comme ayant pour objet de fournir des documents de référence appelés normes devant contribuer à la solution des problèmes techniques et/ou commerciaux concernant les produits, biens et services qui se posent de façon répétée dans les relations entre partenaires économiques, scientifiques, techniques et sociaux. Cette définition peut être considérée comme une reprise de l'article 1er du décret français n° 84-74 du 26 janvier 1984 fixant le statut de la normalisation[17]. À côté de cette forme de normalisation, il y

---

[12] Aux termes de l'article 26 du Décret n° 98-338 du 21 avril 1998 fixant les conditions d'exercice des activités d'importation, de stockage, de transport et de distribution des hydrocarbures « Les camions citernes utilisés par le transporteur doivent répondre aux normes techniques en vigueur ».

[13] Sur la norme juridique, V. AMSELEK Paul, « Norme et loi », APD, tome 25, 1980, p. 94.

[14] V. BOY Laurence, « Normes techniques et normes juridiques », *Cahiers du Conseil constitutionnel*, n° 21.

[15] FARINELLI Magali Lanord, « La norme technique : une source du droit légitime ? », *RFDA* 2005.738.

[16] Norme ISO citée par FAINELLI Magali Lanord, *Ibid.*

[17] *JO* 1er février, p. 490.

a celle de la théorie par Gérard Farjat, et qui est le fait des pouvoirs privés économiques : la normalisation de l'idéologie et des sensibilités[18].

3. L'article 4 de la loi 2019-04 du 1er février 2019 relative au contenu local dans le secteur des hydrocarbures fait référence à la norme pour rappeler, comme le fait d'ailleurs l'article 16 de la loi n° 98-31 du 14 avril 1998 relative aux activités d'importation, de raffinage, de stockage, de transport et de distribution des hydrocarbures[19], le respect par les opérateurs économiques des normes et standards internationaux dans l'industrie pétrolière et gazière. Relevons que la pratique se nourrit des expériences étrangères[20]. Comme innovation de la pratique, nous pouvons citer les contrats de transfert de technologie[21].

4. En 1972, la CNUCED a proposé un code de conduite sur les conférences maritimes. Peu de temps après, une autre division de cette institution a suggéré l'élaboration d'un code de conduite international sur le transfert de technologie[22]. Un code de bonne conduite est un ensemble de principes et de règles se rapportant au comportement de certains agents internationaux et incorporés en un seul acte ou instrument juridique adopté par des États[23]. Au-delà des codes de bonne conduite, il y a les principes de l'OCDE à l'intention des entreprises multinationales, la Déclaration de principes tripartite de l'OIT sur les entreprises multinationales et la politique sociale du 16 novembre 1977. Plus récemment en 2019, lors de la neuvième plénière du dialogue sur les politiques de développement axé sur les ressources naturelles, les gouvernements, industriels et la société civile sont convenus de trouver des mécanismes de conception des contrats extractifs d'exploration et de production susceptibles de résister à l'épreuve du temps d'où l'adoption des principes directeurs pour des contrats extractifs durables. Il s'agit d'un ensemble de huit principes suivis de commentaires.

---

18 FARJAT Gérard, *Droit économique*, PUF, 1971, pp. 388-390.

19 Sont applicables sur toute la chaîne d'approvisionnement les normes, standards, codes et pratiques en usage dans l'industrie pétrolière internationale en matière de qualité et de sécurité industrielle.

20 COSSALTER Philippe, *Les délégations d'activités publiques dans l'Union européenne*, Paris, LGDJ, coll. « Bibliothèque de droit public », tome 249, 2007, p. 4.

21 KAHN Philippe, « L'interprétation des contrats internationaux », *JDI*, 1981, n° 1, p. 5.

22 FATOUROS A.-A, « Le projet de Code international de conduite sur les entreprises transnationales : essai préliminaire d'évaluation », *JDI*, 1980, n° 1, p. 6.

23 FATOUROS A.-A., « Le projet de Code international de conduite sur les entreprises transnationales : essai préliminaire », *JDI*, 1980, n° 1, p. 7.

Il existe, au regard de ces différents textes, mécanismes juridiques, contraignants ou pas, une *lex petrolia,* branche particulière de la *lex mercatoria*[24] ou de la *lex extractiva*[25]. Pour s'en convaincre, notons que le Code gazier définit le gaz naturel comme des « hydrocarbures gazeux principalement constitués de méthane, existant à l'état naturel dans le sous-sol susceptibles d'être exploités par des techniques propres à l'industrie pétrolière ». L'existence de techniques propres à l'industrie pétrolière, emporte celle de règles, normes afférentes à celle-ci. Rappelons que la *lex mercatoria* est un ordre juridique propre aux agents du commerce international[26]. Au-delà, notons que les codes de bonne conduite, les chartes et diverses procédures de normalisation traduisent l'importance des acteurs privés ou mixte[27] dans la production du droit[28] ainsi que l'existence d'un droit souple[29].

---

[24] BURDEAU Geneviève, « Droit international et contrat d'États, la sentence Aminoil c. Koweit du 24 mars 1982 », *AFDI*, 1982, p. 465.

[25] HIMBE Lamine, KROLIK Christophe, Introduction, *in*, p. 9. Pour ces auteurs, la *lex extractiva* comprend la *lex petrolea* et la *lex mineralia, in* La transparence des industries extractives en Afrique sous la direction de Christophe Krolick et de Charles Moumouni, Presses de l'Université du Québec, 2021, p. 9.

[26] KAHN Philippe, « L'interprétation des contrats internationaux », *JDI*, 1981, n° 1, pp. 5-6.

[27] Notamment les agences et autorités administratives indépendantes. Dans le code gazier, l'organe de régulation est défini comme étant une autorité administrative indépendante.

[28] BOY Laurence, « Normalisation et certification dans le photovoltaïque : perspectives juridiques », *Revue juridique de l'environnement*, 2012/2, Volume 37, pp. 305 à 317.

[29] D'ISTRIA COLONNA François, *Philosophie du droit et pratiques des juristes*, Dalloz, 2021, p. 227 ; Selon cet auteur, il existe trois types de droit souple : un qui porte sur le contenu (droit flou ou dépourvu de précision), sur la force obligatoire (droit doux. Ici, on incite les acteurs à adopter un comportement) et enfin celui qui porte sur la force contraignante (droit mou ou exempt de sanctions). V. également Étude annuelle du Conseil d'État 2013 : *Le droit souple* : Doc.fr., oct.2013 cité par RESTINO Virginie, « Documents administratifs-Actes de « droit souple » et « documents de portée générale » au prisme du droit du travail Nature, caractère contraignant et régime contentieux », *La semaine Juridique* Édition Générale, n° 5, 1er février 2012, Doctr.131. Les actes de droit souple se caractérisent, selon le Conseil d'État français, par la réunion de 3 conditions cumulatives : actes qui modifient ou orientent les comportements de leurs destinataires en suscitant dans la mesure du possible leur adhésion, ne créent pas par eux-mêmes de droits ou d'obligations pour leurs destinataires, ils présentent un degré de formalisation et de structuration qui les apparente aux règles de droit.

5. L'une des raisons de la publication de cet ouvrage tient aux énormes enjeux[30] que comporte l'exploitation des hydrocarbures tels que l'approvisionnement, l'effectivité des textes, la gestion holistique des ressources naturelles, le transfert de technologie[31]. La problématique de l'approvisionnement se pose avec acuité en raison du fait que les hydrocarbures constituent des biens incontournables certes, mais des ressources naturelles non renouvelables[32]. Elle a intéressé tant la doctrine que le législateur. En effet, Emmanuel Jolivet parlait de contrôle de l'approvisionnement en énergie[33]. Dans la loi n° 2020-06 du 7 février 2020 portant Code gazier, on vise « la chaîne d'approvisionnement »[34], la « sécurisation de l'approvisionnement »[35], le plan prévisionnel

[30] V. Grands enjeux juridiques des investissements miniers et pétroliers en Afrique francophone, http://cadev-afrique.org/wp-content/uploads/2018/01/coja-2012_actes.pdf, consulté le 02-05-2021 à 19 h 05 mn. V. également Le Lamy *Contrats internationaux*, 2017, n° 361-5 qui spécifie les enjeux des contrats extractifs. Il s'agit des enjeux fonciers (accords avec les propriétaires des terrains que sont l'État, le propriétaire privé, les communautés locales ou traditionnelles détenant des droits d'utilisation. L'État peut également exproprier), industriels (sous-traitance avec des spécialistes de forages, d'analyse des données géologiques, des constructeurs de route pour transporter du matériel lourd, constructeurs de zone de campement pour héberger le personnel et stocker les équipements), environnementaux (qualité de l'eau), sociaux (transparence sur les revenus des industries extractives, populations locales ou indigènes associées aux études d'impacts, aux annexes sociales ou au contrat extractif lui-même). Relativement à la transparence, plusieurs mécanismes ont été adoptés pour lutter contre la corruption. Il s'agit de la convention de l'Union africaine sur la prévention et la lutte contre la corruption, du Protocole de la CEDEAO sur la lutte contre la corruption, de la loi n° 2012-22 du 27 décembre 2012 portant Code de Transparence dans la Gestion des Finances publiques.

[31] Sur l'absence d'unité conceptuelle de la technologie, V. SCHAPIRA Jean, « Les contrats internationaux de transfert technologique », *JDI*, 1978, n° 1, p. 5, n° 2.

[32] V. TOUSCOZ Jean, « Rapport introductif », *in Les contrats internationaux de coopération industrielle et le nouvel ordre économique international*, PUF, 1980, p. 13.

[33] JOLIVET Emmanuel, Préface de l'ouvrage *Le contentieux extractif*, ICC, 2015, p. 7. Précisons qu'il y a des clauses que l'on peut insérer dans le contrat d'approvisionnement. Il s'agit de la clause de premier refus et de la clause de l'offre concurrente (KONE Mamadou, « Le cadre juridique de la renégociation » : 46, *in*, *Le contentieux extractif*).

[34] Article 5, 25.

[35] Article 26. Dans le Décret n° 98-340 du 21 avril 1998 fixant les modalités de constitution des stocks de sécurité des hydrocarbures, il est spécifié que la réforme introduite par la loi n° 98-31 du 14 avril 1998 relative aux activités d'importation, de raffinage, de stockage, de transport et de distribution des hydrocarbures (cette loi constitue le cadre général de la réforme du secteur des produits pétroliers) va dans le sens de la libéralisation totale de toutes les activités du secteur pétrolier. Ainsi, la

d'approvisionnement[36]. Dans la loi n° 2019-03 du 1er février 2019 portant Code pétrolier, la notion d'approvisionnement n'est pas ignorée. Ainsi, on peut la retrouver aux articles 40, 58, 59. L'approvisionnement est défini à l'article 1er de la loi n° 98-31 du 14 avril 1998 relatif aux activités d'importation, de raffinage, de stockage, de transport et de distribution des hydrocarbures comme le ravitaillement du marché national. Il intègre les activités d'importation, de raffinage, de transport, de stockage et de distribution.

6. L'effectivité des textes constitue un second enjeu de l'exploitation des hydrocarbures car il n'est un secret pour personne que beaucoup d'engagements ont été pris dans les différents textes relatifs au contenu local. Comme on dit, il ne suffit pas de proclamer les droits, encore faudrait-il les garantir et trancher les différends qui ne manqueront pas d'émerger quant à leur définition et leur étendue notamment dans le cadre de l'exécution des contrats[37]. On peut citer à titre d'exemple, la volonté du Gouvernement sénégalais d'atteindre 50 % du contenu local d'ici à 2030, le transfert de technologie. Au-delà, nous pouvons noter le changement de paradigme dans la propriété des ressources naturelles qui désormais appartiennent au Peuple[38], l'État[39] n'étant que le garant

---

concurrence entraîne un prix avantageux pour le consommateur tout en créant des conditions de la relance de l'économie. Cependant, toujours dans le rapport de présentation du Décret précité, il est précisé que : « le souci d'assurer la sécurité de l'approvisionnement du pays reste une préoccupation importante des autorités publiques ». Ainsi, tout titulaire d'une licence d'importation est tenu de constituer un stock de sécurité pour chaque produit importé afin de garantir la satisfaction des besoins du marché national pour une période de 35 jours.

[36] Articles 65, 67.

[37] NOEL Pierre, « La constitutionnalisation du régime juridique international des investissements pétroliers et la (re)construction du marché mondial », Institut d'économie et de politique de l'énergie, *Cahiers de recherche* n° 20, 2000 : 53, https://www.osti.gov/etdeweb/servlets/purl/20374273, consulté le 02-05-2021, à 16 h 11 mn.

[38] DIAKHATÉ Meissa, « À la recherche du Peuple dans les systèmes constitutionnels de l'Afrique subsaharienne francophone », *Annales africaines*, Volume 2, décembre 2021, pp. 1-66.

[39] Par État nous entendons le pouvoir central (Chef de l'État, ministre en charge des Hydrocarbures, ministre des Finances) et les structures mises en place par celui-ci telles que PETROSEN, FONSIS, le comité national ITIE.

de la bonne gestion des revenus issus de l'exploitation du pétrole et du gaz[40], même s'il exerce toujours une souveraineté sur ces biens[41].

7. L'assistance technique n'a pas forcément bonne presse. Tantôt elle est perçue comme un néocolonialisme technologique, tantôt comme inefficace. Pourtant, l'objectif visé était de briser le « pacte colonial » grâce auquel les colonies servaient de réservoir de matières premières et de déversoir de produits finis[42]. Au-delà, remarquons que les multinationales, qui sont le plus souvent celles qui interviennent dans les opérations pétrolières et gazières n'ont pas également bonne presse car perçues à tort ou à raison comme torpilleuses du pouvoir de l'État à travers les clauses de stabilisation insérées dans les contrats extractifs[43]. Les multinationales sont des pouvoirs privés économiques[44]. Pour Gilles LHUILIER, les clauses de stabilisation posent des problèmes en cas de modification d'une disposition d'intérêt public, relative notamment à la santé, la sécurité, au travail ou à l'environnement de plus en plus présentes dans les contrats d'investissement[45] et partant ceux de la protection de l'investisseur. Elles ont pour siège les articles 65 du code pétrolier de 1986, 67 du code pétrolier de 1998 et 72 du code de 2019.

---

[40] V. COSTADE Isidore, « Publication des contrats et confidentialité de l'industrie extractive », in *Le contentieux extractif*, p. 159 et s surtout p. 163 ; V. http://itie.sn/contrats-petroliers/ où figure la liste des contrats pétroliers en cours de validité. Aux termes de l'article 56 du Code gazier, tous les revenus pétroliers dus à l'État ou perçus par ce dernier.

[41] V. Dans le Code pétrolier la notion de « territoire de la République du Sénégal » et l'article 6 du Code précité.

[42] BEDJAOUI Mohamed, *Pour un nouvel ordre économique international*, UNESCO, 1979, collection « Nouveaux défis au droit international », p. 9.

[43] V. Gérard FARJAT pour qui les grandes multinationales ont réglementé pendant cinquante ans le marché pétrolier grâce à des ententes ou cartels. La question que l'on est en droit de se poser est celle de savoir cinquante ans à partir de quelle date ? Cette durée correspond en tout cas à celle d'une concession dont pouvait bénéficier une compagnie pétrolière au Sénégal sous l'empire de l'ordonnance n°60-24 M.T.P fixant le régime juridique et fiscal de la recherche, de l'exploitation et du transport des hydrocarbures ; FARJAT Gérard, *Droit économique*, PUF, 1971, p. 147.

[44] FARJAT Gérard, *Droit économique*, pp. 373-384.

[45] LHUILIER Gilles, « Le contrat extractif, Essai de définition », *in Le contentieux extractif*, ICC, 2015, p. 20.

C'est dire qu'elles sont loin d'être absolues[46]. Au-delà, nous avons les clauses parapluie[47] ou clauses de respect des engagements qui concernent tant l'État que l'investisseur[48]. On pourrait également parler de la force des faibles, pour reprendre l'intitulé d'un ouvrage[49] car, à la diplomatie des canonnières dont disposent encore les États impérialistes se substitue progressivement une diplomatie des matières premières[50]. C'est dire que le droit des hydrocarbures permet de jauger le pouvoir de l'État hôte et de l'investisseur dans leur relation contractuelle. Par le passé, l'État libyen a eu à retirer des concessions accordées à plusieurs compagnies telles que BP, Texaco-calasiatic, société Liamco[51]. L'affaire État du Koweït contre société américaine *Aminoil* (*American Independant Oil Company*) est intéressante en ce sens qu'elle met en exergue la durée du contrat de concession, la possibilité pour l'État de mettre fin à un contrat de façon anticipée, le *mutuus dissensu*, l'application de la formule d'Abou Dabi[52]. Au-delà, l'exploitation des hydrocarbures a également suscité des tensions entre pays suite à des nationalisations d'entreprises. C'est l'exemple de la nationalisation des sociétés pétrolières françaises. C'est pourquoi selon Jean TOUSCOZ, le début de la vraie bataille économique entre pays riches et pays pauvres… ; elle marque en un sens le triomphe des aspirations de tous les pays en voie de développement qui s'efforcent d'obtenir la décolonisation de leurs richesses naturelles[53]. Ces tensions ne caractérisent pas à elles seules les relations entre États et compagnies

[46] Cependant, même dans ces différentes limites, l'observation par l'État des pratiques internationales doit être de mise. Il en est de même du principe de non-discrimination.
[47] V. Contrats d'État, collection de la CNUCED sur les questions des accords internationaux d'investissement, p. 2, https://unctad.org/fr/system/files/official-document/iteiit200411_fr.pdf, consulté le 02-05-2021, à 13h 07 mn
[48] LEBEN Charles, « Arbitrage-CIRDI, compétence des tribunaux CIRDI », *Répertoire de droit international*, n° 125 et s.
[49] HENRY Paul-Marc, *La force des faibles*, Paris, Editions Entente, 1975, 156 pages.
[50] BEDJAOUI Mohammed, *op. cit.*, p. 11.
[51] BURDEAU Geneviève, « Droit international et contrats d'État, la sentence aminoil c. Koweit du 24 mars 1982 », *AFDI*, p. 454.
[52] BURDEAU Geneviève, *op. cit.*, p. 455.
[53] TOUSCOZ Jean, « La nationalisation des sociétés pétrolières françaises en Algérie et le droit international », *RBDI*, 1972-2, p. 482.

pétrolières[54] ou entre compagnies pétrolières et des organisations intergouvernementales telles que l'OPEP[55].

8. Dans tous les cas, le contrat est à la base de toutes les relations, et ce, quelle que soit la relation envisagée et/ou la personne impliquée. Il n'est un secret pour personne qu'autant les investisseurs ont besoin d'acquérir des parts de marchés, autant les États dans lesquels ils investissent ont un réel besoin de capitaux. Le Code des investissements du Sénégal[56] définit l'investissement comme des : « capitaux employés par toute personne, physique ou morale, pour l'acquisition de biens mobiliers, matériels et immatériels et pour assurer le financement des frais de premier établissement ainsi que les besoins en fonds de roulement, indispensables à la création ou l'extension d'entreprises ». Quant à l'investisseur, il est défini par le même code comme étant : « toute personne, physique ou morale, de nationalité sénégalaise ou non, réalisant dans les conditions définies dans le cadre du présent Code, des opérations d'investissement sur le territoire du Sénégal ». Pour ce qui est de la définition de l'investissement, le Règlement relatif aux relations financières extérieures des États membres de l'UEMOA[57] n'est pas en reste. Ainsi, l'investissement direct est défini comme :

– l'achat, la création ou l'extension de fonds de commerce[58], de succursales[59] ou de toute autre entreprise à caractère personnel ;

---

[54] En raison de la faiblesse de leurs capacités techniques, certains États ont « fondé leur politique pétrolière sur une collaboration technico-commerciale avec les compagnies pétrolières » ; TOUSCOZ Jean, *Ibid.*

[55] Il y a eu deux compromis conclus entre l'OPEP et les compagnies pétrolières qui en la matière ont constitué un cartel (les activités de transport, raffinage et de distribution étaient dominées par les grandes compagnies) : le compromis de Téhéran du 16 janvier 1971 et celui de Tripoli du 2 avril 1971. Grâce à ces compromis, les pays exportateurs ont obtenu d'importants avantages financiers, fiscaux, ont augmenté leur participation aux revenus des compagnies concessionnaires. En contrepartie, celles-ci ont réussi à maintenir en termes de contrôle du régime d'exploitation du pétrole le statu quo pendant cinq ans. TOUSCOZ Jean, *op. cit.*, note bas de page 3.

[56] Loi n° 2004-06 du 6 février 2004 portant Code des investissements.

[57] Article 1er du Règlement n°9/2010/CM/UEMOA relatif aux relations financières extérieures des États membres de l'UEMOA. Cette définition est réceptionnée tant par le droit des sociétés commerciales et GIE de l'OHADA que par le droit de la concurrence de l'UEMOA (article 4 du Règlement n°2/2002/CM/UEMOA relatif aux pratiques anticoncurrentielles).

[58] V. Pour une appréhension du régime juridique du fonds de commerce, l'AUDCG.

[59] Le régime juridique de la succursale est consacré par les articles 116 et s AUSCGIE.

– toutes autres opérations lorsque, isolées ou multiples, concomitantes ou successives, elles ont pour effet de permettre à une ou plusieurs personnes de prendre ou d'accroître le contrôle d'une société exerçant une activité industrielle, agricole, commerciale, financière ou immobilière, quelle qu'en soit la forme, ou d'assurer l'extension d'une telle société déjà sous leur contrôle.

Cette dernière définition, ramenée au cas concret du pétrole et du gaz qui sont des énergies primaires[60], peut renvoyer aux hypothèses de cession de titre minier d'hydrocarbures[61].

9. L'étude des contrats pétroliers et gaziers doit s'inscrire dans une approche pluridisciplinaire[62] et ce d'autant qu'elle intéresse des questions de droit de travail[63] et de l'environnement[64] ; au-delà du droit fiscal[65],

---

[60] V. KAMGA Joseph, ATINOUKE Amadou, « Droit et politique de l'énergie en Afrique subsaharienne : les tendances d'harmonisation », *Revue des juristes de sciences politiques*, 2013, n° 8, pp. 62 et s.

[61] Article 61 du Code pétrolier.

[62] Pour René de QUENAUDON, la méthode *pluridisciplinaire,* c'est-à-dire consistant à juxtaposer, lors de l'étude d'une situation, les regards spécifiques à chaque branche du droit ; DE QUENAUDON René, « Responsabilité sociale des entreprises », *Répertoire de droit du travail*, n° 22.

[63] Retrait du permis d'exploitation minière en cas de travail des enfants, réalisation des travaux de prospection, recherche et exploitation conformément aux règles d'hygiène et de sécurité.

[64] Il existe un régime international d'indemnisation de plein droit des pollutions résultant du transport maritime international d'hydrocarbures en vrac consacré tant par la Convention de 1992 sur la responsabilité civile que par le fonds international d'indemnisation pour les dommages dus à la pollution par les hydrocarbures. Cette Convention modifie la Convention de Bruxelles de 1969 et celle de 1971 portant création d'un fonds international d'indemnisation pour les dommages dus à la pollution par hydrocarbures. Le Sénégal a voté une loi n°2006-29 du 7 août 2006 autorisant le Président de la République à ratifier la Convention relative au Fonds d'indemnisation dus à la pollution par les hydrocarbures, signé en 1992. Le respect de l'environnement constitue une exigence pour les entreprises menant leurs travaux à l'aide des techniques confirmées de l'industrie pétrolière (article 83 du Code pétrolier). En Afrique, on ne peut manquer de citer l'œuvre pionnière du législateur béninois à travers deux textes majeurs : la Constitution du 11 décembre 1990 (l'article 27 garantit le droit à un environnement sain) et la loi-cadre sur l'environnement en République du Bénin du 12 février 1999. V. DEWEDI Eric, « Le préjudice écologique dans le contentieux constitutionnel au Bénin », *Revue Lamy Droit civil*, N° 140, 1er septembre 2016.

[65] Les redevances, l'impôt sur les bénéfices, sur les sociétés, droits et taxes sont dus. De même, on ne saurait occulter les diverses exonérations. Aux termes de l'article 18 du code gazier, la fiscalité applicable aux cessions et aux transferts est régie par les dispositions du Code général des impôts.

douanier[66], des changes, des biens[67], des sociétés commerciales[68], des contrats[69],

---

66 Voir l'article 49 du Code pétrolier de 2019 qui est relatif aux exonérations douanières et l'article 50 du même Code à la suspension des droits et taxes à l'importation. Voir également les articles 51, 59.

67 Les ressources naturelles d'hydrocarbures appartiennent au peuple sénégalais, l'État n'étant qu'un gestionnaire de celles-ci, aux termes de l'article 5 du Code pétrolier. Pourtant, l'article 3 de la loi de 1998 attribuait à l'État la propriété sur les ressources naturelles. La loi de 2019 portant Code pétrolier est ce faisant conforme aux dispositions de l'article 25-1 de la loi constitutionnelle qui dispose que les ressources naturelles appartiennent au peuple. Elles sont utilisées pour l'amélioration de ses conditions de vie.
Le législateur sénégalais va même jusqu'à procéder à une classification des biens immeubles et meubles (article 40 de la loi portant Code pétrolier).

68 Fortesa est une filiale détenue à 100 % par Africa Fortesa corporation immatriculée aux îles Caiman. Petrotim Limited est également immatriculé dans lesdites îles. Quant à Total E et P Sénégal c'est une SAS de droit français.

69 Des accords d'association sont conclus entre l'État, la société de pétrole du Sénégal et l'entreprise privée lors des contrats de service ou de contrat de partage de production. De même, le régime mixte prévu dans la loi relative au contenu local dans le secteur des hydrocarbures met en exergue la possibilité d'une *joint-venture* entre les entreprises locales et celles étrangères (V. également SCHAEFFER Eugène, « Droit économique en Afrique noire francophone », *in Dynamiques et finalités des Droits africains*, Actes du Colloque sur la *Vie du Droit en Afrique*, Economica, 1980, p. 153, pour qui la joint-venture consiste à conjuguer dans une même société les intérêts étrangers et autochtones). Juridiquement parlant, la coopération inter-entreprises peut prendre la forme suivante : le contrat de groupement, le GIE, la société commerciale. Dans le secteur de la distribution, nous avons les formes ci-après : distribution sélective, exclusive (concession), franchise. Étant donné que la distribution des produits pétroliers et gaziers n'est pas une opération pétrolière, il faudrait se référer au code gazier et à la loi n° 98-31 du 14 avril 1998 relatif aux activités d'importation, de raffinage, de stockage, de transport et de distribution des hydrocarbures (*JORS*, 24 avril 1998 : 250 et s). V. aussi le décret n° 2004-851 du 5 juillet 2004 portant attribution d'une autorisation d'exploitation d'un gisement de gaz naturel aux sociétés Pétrosen et Fortesa international Sénégal LDC grâce auquel on sait que les « contractants » sont PETROSEN et Fortesa international Sénégal LDC. L'article 7 de l'ordonnance 60-24 MTP fixant le régime juridique et fiscal de la recherche, de l'exploitation et du transport des hydrocarbures permet aux titulaires du permis H de conclure des protocoles, accords ou contrats avec plusieurs personnes physiques ou morales dont l'objet est la participation aux risques et résultats financiers de l'entreprise et éventuellement à la production des hydrocarbures liquides ou gazeux qui seraient découverts. Ces protocoles, accords et contrats étaient soumis à l'approbation préalable du ministre chargé des Mines. Il demeure nécessaire de préciser que le permis H n'est accordé qu'à une société commerciale ou groupe de sociétés commerciales. Au-delà, la production citée à l'article 7 équivaut à l'exploitation.

du financement[70], des sûretés[71], du droit international privé, de l'arbitrage[72], de la concurrence[73],

---

[70] Il existe deux mécanismes de financement de l'entreprise : par l'endettement d'une part et par l'entrée dans le capital de celle-ci ou financement en fonds propres ou quasi-fonds propres. V. Sur ces précisions V. BIED-CHARRETON François., RAFFEGEAU Jean, *Guide pratique du financement des entreprises*, LEFEBVRE, 1988, 5e édition. S'il est vrai que dans la table de négociation des contrats extractifs, il y a incontestablement l'État et la société étrangère, il n'en demeure pas moins que la plupart du temps cette dernière s'endette auprès des établissements financiers pour pouvoir exercer des opérations pétrolières et gazières. V. Contrats miniers, comment les lire et les comprendre, https://eiti.org/files/documents/ContratsMiniers_LireEt Comprendre_Web2.pdf, consulté le 07-03-2022.

[71] Pourquoi octroie-t-on des titres miniers d'hydrocarbures ? Au regard de la définition de cette notion par le Code pétrolier, on peut affirmer que c'est pour l'exploration et l'exploitation. Mais pour cela, il faut justifier de capacités techniques et financières (article 10 du Code précité). Relativement aux dernières, le demandeur doit fournir par exemple des garanties, cautions par exemple en somme, et suivant l'article 9 du Décret n° 2020-2061 du 27 octobre 2020 fixant les modalités d'application de la loi n° 2019-03 du 1er février 2019 portant Code pétrolier, sa solvabilité. La capacité financière désigne la solvabilité actuelle, future et même potentielle d'une personne. V.GODELAIN Sandrine, *La capacité dans les contractant*s, Thèse, n° 529.

[72] Aux termes de l'article 2 de l'Acte uniforme relatif au droit de l'arbitrage, l'État peut compromettre sur tous les droits dont elle a la libre disposition.

[73] V. le Décret n° 98-333 du 21 avril fixant les modalités de calcul des droits de passage et le Décret n° 98-340 du 21 avril fixant les modalités de constitution des stocks de sécurité des hydrocarbures qui évoquent que depuis la libéralisation du secteur des hydrocarbures par la loi 98-31 du 14 avril 1998 relative aux activités d'importation, de raffinage, de stockage, de transport et de distribution des hydrocarbures, le secteur pétrolier fonctionne de plus en plus selon les principes de la libre concurrence. Le législateur sénégalais se serait certainement inspiré de son homologue français qui, à l'article 1er de la loi n° 92-1443 du 31 décembre 1992 portant réforme du code pétrolier repris par l'article L.112-1 du Code de l'énergie qui a posé le principe suivant : « la réception en provenance de l'étranger et l'expédition à destination de celui-ci, le traitement, le transport, le stockage et la distribution du pétrole brut et des produits pétroliers s'effectuent librement » sous réserve par exemple pour les fournisseurs de constituer des stocks stratégiques de sécurité. Au Sénégal, la loi n° 98-31 du 14 avril 1998 relative aux activités d'importation, de raffinage, de stockage, de transport et de distribution des hydrocarbures définit les stocks de sécurité comme ceux destinés à assurer l'approvisionnement du pays. V. également l'article 5 qui spécifie les compétences de l'organe de régulation parmi lesquelles « la promotion et à l'exercice d'une concurrence libre et saine dans le secteur du gaz naturel » ainsi que l'article 23 de la même loi qui fait obligation aux titulaires de licence et de concession de respecter la règlementation protectrice des consommateurs et de la libre concurrence.

Dans le rapport de présentation du Décret n°2020-2065 du 28 octobre 2020 fixant les modalités de participation des investisseurs sénégalais dans les entreprises intervenant dans les activités pétrolières et gazières et classement des activités de l'amont pétrolier

de la régulation[74], des investissements[75],

---

et gazier dans les régimes exclusif, mixte et non exclusif, il est dit que « le régime non-exclusif instaure une concurrence libre entre entreprises locales et étrangères dans les activités à faible potentiel de contenu local ».

[74] Selon Jacqueline RIFFAULT-SILK : « Économie libéralisée, mais sous surveillance : c'est l'objet de la régulation, où les autorités administratives indépendantes jouent un rôle essentiel, tout comme les juges qui ont vu leur rôle affirmé, puisque sont portées devant eux les décisions des régulateurs ». La régulation est un ensemble normatif imposé aux acteurs économiques pour servir l'intérêt général ; RIFFAULT-SILK Jacqueline, « La régulation de l'énergie, principes, bilan et réforme », Revue Lamy de la concurrence, n° 28, 1er juillet 2011. L'auteur cite également Anne-Marie Frison-Roche selon qui « En droit, contrairement à la science économique qui ne distingue pas l'une de l'autre, la régulation s'oppose à la réglementation ; elle est souvent la conséquence de la déréglementation (...). Si l'on peut dire que la déréglementation correspond à une économie libérale, dans sa brutalité, la régulation évoque une économie sous surveillance, dont les rouages ne sont plus gouvernés, mais dans laquelle les équilibres internes ne sont pas pour autant laissés à eux-mêmes » ; FRISON-ROCHE MARIE-ANNE, « Le contrat et la responsabilité : consentement, pouvoirs et régulation économique », Dalloz, 2004, n° 2 : 44 ; MARIE-ANNE FRISON-ROCHE, « Le droit de la régulation », D.2001.610 ; JAMIN Christophe, « Théorie générale du contrat et droit des secteurs régulés », D.2005.2342 ; CHEVALIER Jacques, « La régulation juridique en question », Droit et société 2001 : 827 ; MARCOU Gérard, « La notion juridique de régulation », *AJDA*, 2006 : 347 ; BOY Laurence, « Réflexions sur « le droit de la régulation », D.2001.3031 ; MARTIN Raymond, « Le droit en branches », Recueil Dalloz, 2002, p. 1703 ; TERNEYRE Philippe, BOITEAU Claudine, « Existe-t-il un droit de l'énergie ? », *RFDA*, 2017.517.

[75] Voir article 6 de l'ordonnance n°60-24 MTP fixant le régime juridique et fiscal de la recherche, de l'exploitation et du transport des hydrocarbures et le Décret n°64-363 du 20 mai 1964 approuvant une convention-type d'établissement de l'article 6 de l'ordonnance n° 60-24 du 10 octobre 1960, fixant le régime juridique et fiscal de la recherche, de l'exploitation et du transport des hydrocarbures (JORS, 13 juin 1964 : 728 et s. Ce Décret vise la loi n° 60-23 du 22 mars 1962 instituant un Code des investissements notamment en son article 38). Une convention d'établissement est celle conclue entre l'investisseur et le gouvernement de l'État d'accueil selon les modalités et formalités différentes selon les pays ; SCHAEFFER Eugène, « Droit économique en Afrique noire francophone », *in Dynamiques et finalités des Droits africains*, ECONOMICA, p. 150.

L'extraction ou la transformation de substances minérales est citée parmi les secteurs d'activités éligibles. On voit que le secteur des hydrocarbures semble exclu. Dans tous les cas, on peut dire qu'un code des investissements définit les avantages et garanties dont bénéficie un investisseur. Les différentes garanties sont :

– la protection de la propriété privée ;

– la protection contre la nationalisation, l'expropriation ou la réquisition sur toute l'étendue du territoire national sauf pour cause d'utilité publique, légalement prévue. Dans l'Accord conclu entre le Canada et la République du Sénégal concernant la

maritime[76], de la consommation[77], foncier[78], du commerce international et géopolitique[79], des droits de l'homme[80],

---

promotion et la protection des investissements, on parle d'intérêt public. Au-delà de cette condition, il faut que l'expropriation soit conforme au principe de l'application régulière de la loi, appliquée de façon non discriminatoire et qu'elle s'accompagne d'une indemnité ;
– l'obtention de devises nécessaires aux activités des entreprises. Le législateur précise qu'elle n'est pas limitée au sein du Sénégal. Ainsi, l'entreprise peut assurer ses paiements normaux et courants, financer ses fournitures et prestations diverses de services notamment celles réalisées avec les personnes physiques ou morales hors du Sénégal ;
– liberté de transfert des capitaux ;
– liberté d'accès aux matières premières produites sur toute l'étendue du territoire national ;
– la liberté économique et concurrentielle.
Pendant les phases d'investissement et d'exploitation, les avantages fiscaux, douaniers et sociaux suivants peuvent profiter à l'entreprise. À titre d'exemple, nous pouvons citer l'article 49 du Code pétrolier de 2019 qui traite des exonérations douanières.

[76] Un contrat de recherche et de partage d'hydrocarbures avait été signé entre Senegal *Hunt oil company,* PETROSEN et l'État du Sénégal pour la recherche et l'exploitation des hydrocarbures de Rufisque *offshore*, Sangomar *offshore* et Sangomar *offshore* profond. En 2015, ORANTO PETROLEUM a conclu un contrat pour la recherche et l'exploitation de pétrole et de gaz naturel dans le bloc Saint-Louis *offshore Shallow*. Pendant la phase de recherche, PETROSEN était associé d'ORANTO *Petroleum* avec 10 %, participation qui peut aller jusqu'à 20 % durant la phase d'exploitation. L'État du Sénégal pourrait-il créer une société *holding* ? Les sociétés holdings sont des sociétés qui détiennent un ensemble de participations dans d'autres sociétés (BIED-CHARRETON François., RAFFEGEAU Jean., *Guide pratique du financement des entreprises*, Francis Lefebvre, n° 079.2.)

[77] L'exploitation d'hydrocarbures profite aux consommateurs locaux à défaut d'être exportée (article 59 de la loi 2019 portant Code pétrolier).

[78] Tender Casamance *Oil* et GAZ a conclu un contrat pour l'exploitation de *Onshore* sud. Relevons que l'ordonnance n° 60-24 MTP fixant le régime juridique et fiscal de la recherche, de l'exploitation et du transport des hydrocarbures est plus précise que les lois de 1986, 1998 et 2019 portant code pétrolier concernant les relations entre titulaires de titres miniers d'hydrocarbures et propriétaires ou occupants du sol. Au-delà remarquons que les terres du domaine national peuvent être sollicitées dans le cadre des opérations gazières.

[79] V. NGWANZA Achille, LHUILLIER Gilles, *Le contentieux extractif,* ICC, 2015, p. 7. Concernant la géopolitique internationale, c'est le contrôle de l'approvisionnement en énergie qui est visé.

[80] Article 54 du Code pétrolier de 2019.

de technique contractuelle[81], de la RSE[82], de la comptabilité[83] et de la notion de risque[84].

10. Le risque est omniprésent dans l'environnement interne et externe des entreprises. Il se manifeste notamment dans la conduite de leurs membres, leurs engagements financiers et contractuels, de même que la commercialisation de leurs produits et services[85]. Pour PIGE, les risques peuvent porter sur la capacité de l'Organisation à atteindre ses objectifs, sur les moyens déployés et sur leur efficience, ou sur la possibilité de comportements opportunistes, voire malhonnêtes[86]. Si le risque mérite une attention particulière, c'est parce qu'il peut freiner la création de valeur ou détruire la valeur existante[87]. En Europe, le risque a pris de l'importance en raison des scandales financiers révélés dans les années 2000.

Il existe plusieurs définitions du risque dans la mesure où c'est un construit. Ainsi, pour J.-G. BERNARD, le risque est la probabilité d'occurrence d'un événement et son impact sur une entité[88]. Pour le COSO, la gestion des risques est un processus mis en œuvre par le conseil d'administration, la direction et d'autres membres du personnel d'une entité, appliqué lors de l'établissement des stratégies et à l'échelle de l'entreprise qui vise à identifier les événements potentiels susceptibles d'affecter l'entité et à gérer le risque pour qu'il demeure dans les limites de sa propension au risque, pour fournir une assurance

---

[81] MOUSSERON Pierre, RAYNARD Jacques, SEUBE Jean-Baptiste, *Technique contractuelle*, Francis LEFEBVRE, 2017, 454 pages. Selon ces auteurs, la technique contractuelle. Cette technique contractuelle n'est pas exclusive de la clause de style que l'on retrouve partout où la rédaction d'un acte est répétitive, machinale V. DENIS Dominique, « La clause de style » *in* Études Jacques FLOUR, 1979, pp. 117 et s.

[82] V. HIMBE Lamine, KROLIK Christophe, Introduction, *in* La transparence des industries extractives en Afrique, *op. cit.*, p. 9. Selon qui, il y a des normes RSE d'auto-régulation et d'autres normes.

[83] Dans la définition des coûts pétroliers, il a été spécifié qu'une procédure comptable est annexée à un contrat de partage de production.

[84] Jean-Marc Mousseron a été un des auteurs qui s'est beaucoup investi dans la détermination des contours de la notion de risque

[85]NURIT-PONTIER Laure et ROUSSEAU Stéphane, Préface de l'ouvrage *Risques d'entreprises : quelle stratégie juridique ?, L.G.DJ, 2012, p. V.*

[86]PIGE Benoît, *Gouvernance, Contrôle et Audit des Organisations*, Paris, Economica, 2008.

[87] Commitee of Sponsoring Organization of the Treadway Commission (COSO), Enterprise Risk Management-Integrated Framework : http:/coso.org.

[88]BERNARD Jean-Grégoire et *alii*, *Le risque : un modèle conceptuel d'intégration*, CIRANO, Rapport de projet 2002 RP-16, 2002.

raisonnable concernant l'atteinte des objectifs de l'entité ». La gestion des risques devrait ainsi permettre l'atteinte des objectifs stratégiques, les objectifs opérationnels visant l'utilisation efficace et efficiente des ressources, les objectifs de conformité relatifs à la conformité aux lois et réglementations en vigueur[89]. Mais la définition la plus complète est celle proposée par Christophe COLLARD. Au-delà, le risque est défini par ISO 31000. Le risque a un lien avec la gouver-nance d'une part, et le fonctionnement de l'entreprise, d'autre part.

11. En étudiant la prise en compte du risque en matière de gouvernance, la dialectique risque et pouvoirs sera établie, de même que celle de risque et transparence.

Trois questions majeures seront abordées : celle du pouvoir des dirigeants et partant leur responsabilité et/ou révocation, de leurs rémunérations, du contrôle interne.

En droit des sociétés, le pouvoir s'attache à la nécessité qu'il y a d'administrer le patrimoine affecté à l'activité économique lors de la création d'une société[90]. Le pouvoir est entendu comme la relation qui s'établit entre les actionnaires et les organes de gestion de la société[91]. En droit privé, c'est E. GAILLARD qui est le premier à en parler. Il définit le pouvoir comme une prérogative qui permet à son titulaire d'émettre un acte juridique unilatéral dans un intérêt au moins partiellement distinct du sien propre[92]. PASCAL LOKIEC ne partage pas cette définition car pour lui, le pouvoir est la faculté d'imposer sa volonté à autrui[93]. Le risque est grand à ce que le détenteur du pouvoir l'exerce à son profit[94] ou au profit d'une poignée d'associés. La question

---

[89] NAVARRO Jean-Louis, SMAILI Nadia, « Contrôle interne et gestion des risques », *in Risques d'entreprise : quelle stratégie juridique ?,* p. 88.

[90]TCHOTOURIAN Ivan, « Une décennie d'excès des dirigeants en matière de rémunération. Repenser la répartition des pouvoirs dans l'entreprise : une solution *per se* porteuse de risque », *in Risques d'entreprise : quelle stratégie juridique ?,* p. 27.

[91] TCHOTOURIAN Ivan, *Ibid.*

[92] GAILLARD Emmanuel, *La notion de pouvoir en droit privé*, Thèse, Paris 2, 1981.

[93] LOKIEC Paul, *Contrat et pouvoir, Essai sur les transformations du droit privé des rapports contractuels*, LGDJ, 2004 : 12. L'auteur cite les Professeurs TH. REVET (« La détermination unilatérale de l'objet dans le contrat », *in L'unilatéralisme et le droit des obligations,* dir. JAMIN Christophe et MAZEAUD Denis, 1999, p. 42) et FARJAT Gérard (*Droit économique*, PUF, 1982, coll. Thémis, p. 375).

[94] L'abus de biens sociaux, détournement ou dissipation de l'actif de l'entreprise sanctionné par la banqueroute frauduleuse.

des risques que court un dirigeant de société renvoie principalement à celle de la responsabilité qu'il supporte, c'est-à-dire à l'obligation de réparer les conséquences des manquements commis dans l'exercice de ses fonctions, qu'il s'agisse de supporter les conséquences de ses fautes personnelles ou d'assumer personnellement tout ou partie du passif de la société qu'il dirige, voire de supporter une sanction pécuniaire prononcée à son encontre à titre de punition de la transgression d'une règle[95]. La raison est que le dirigeant détient un pouvoir. Trois catégories de fautes sont susceptibles d'engager la responsabilité du dirigeant : infractions aux lois et règlements, violations des statuts, fautes commises dans la gestion. La faute de gestion est une notion protéiforme[96]. C'est pourquoi, pour simplifier, des auteurs ont dit qu'elle relève toujours une défaillance du dirigeant dans la mise en œuvre des pouvoirs qui lui sont confiés[97]. L'action en responsabilité des dirigeants est fondée sur le droit commun[98] et l'article 183 AUPCAP. En France, à l'égard des tiers, la responsabilité du dirigeant n'est engagée qu'en cas de faute séparable des fonctions. Il s'agit d'une faute intentionnelle, d'une particulière gravité incompatible avec l'exercice normal des fonctions sociales[99] ».

12. Relativement à la rémunération, I. TCHOTOURIAN a soutenu que dans les sociétés cotées, celle-ci est source de plusieurs risques : fraude comptable, financier, d'érosion de l'image et de la réputation, de *lobbying*, de *blacklisting*, de contestation actionnariale, de fragilisation du pacte social, risque *lato sensu* de conflits sociaux, risque de contentieux judiciaires[100]. Pour ce dernier risque, l'auteur relève que les tribunaux français sont intervenus pour sanctionner l'octroi d'une rémunération excessive au profit des dirigeants sociaux sur divers fondements tels que la faute de gestion, l'abus de majorité, l'abus de biens sociaux ou la violation des règles essentielles qui régissent les sociétés[101].

---

[95] NURIET-PONTIER Laure, « Pouvoirs et risques du dirigeant », *in Risques d'entreprise : quelle stratégie juridique* ?, p. 5.

[96] V. A.KIRRY et *alios*, « Dirigeant de société et prise de risque », JCP E, 2009, 1223.

[97] NURIET-PONTIER Laure, *op. cit.*, p. 7.

[98] Par « droit commun » nous entendons ici l'Acte uniforme relatif au droit des sociétés commerciales et GIE (AUSCGIE) d'autant par exemple qu'à l'article 330 dudit Acte uniforme, les causes de la responsabilité du dirigeant d'une SARL sont énumérées.

[99] Rev.sociétés 2003, p. 479, note BARBIERI Jean-François.

[100] TCHOTOURIAN Ivan, *op. cit.*, pp. 30-31.

[101] GARRON Frédéric, « La rémunération excessive des dirigeants de sociétés commer-ciales », *Rev.sociétés* 2004, n° 4, p. 795.

13. Le contrôle interne est un processus tenu et surveillé par les responsables de la gouvernance et de la direction afin de fournir une assurance raisonnable quant à la réalisation des objectifs de l'entreprise[102]. Il se matérialise en France par les articles L.225-37 et L.225-68 du Code de commerce, la création d'un comité d'audit. En droit OHADA, aux termes de l'article 829-1 AUSCGIE, l'institution d'un comité d'audit dans les sociétés anonymes faisant appel public à l'épargne est une obligation. Celui-ci a pour missions essentielles de :

– procéder à l'examen des comptes et s'assurer de la pertinence et de la permanence des méthodes comptables adoptées pour l'établissement des comptes consolidés et sociaux de l'entreprise ;

– assurer le suivi du processus d'élaboration de l'information financière ;

– assurer le suivi de l'efficacité des systèmes de contrôle interne et de gestion des risques ;

– émettre un avis sur les commissaires aux comptes proposés à la désignation par l'assemblée générale.

14. La dialectique risque et transparence s'apprécie à travers la réglementation des marchés financiers (normes prudentielles, agences de notation), le risque environnemental[103], le principe pollueur-payeur (article L160-10 du Code de l'environnement français), la loi Grenelle II, la règle *comply or explain*, l'article L225-102-1 du Code de commerce[104]. Cette dernière disposition qui exige une déclaration de performance extra-financière n'a pas de pendant dans l'Acte uniforme relatif au droit des sociétés commerciales et GIE.

15. Durant son fonctionnement, l'entreprise doit faire face à de nombreux risques. Il s'agit du risque d'activité (risque de contrefaire,

---

[102] NAVARRO Jean-Louis, SMAILI Nadia, *op. cit.*, p. 90.

[103] V. Par exemple RTDCIV, 2005 : 146 risque d'atteinte à la santé du fait de l'utilisation de certains produits ou technologies ; *Adde* V. TREBULLE François Guy, « La comptabilisation de l'environnement », Dr.sociétés 2004, Étude 10 ; TELLER Marina, « Développement durable et comptabilité », cah.dr.entr MAI 2010, Dossier 15.

[104] V. LE FICHANT François, « Transparence-Risque environnemental-Stratégies d'entreprise, La transparence de l'information environnementale dans les sociétés : quels risques pour les entreprises ? Des incidences de la loi Grenelle II du 12 juillet 2010 sur la transparence de l'information dans les sociétés », *in Risques d'entreprise : quelle stratégie juridique ?*, 155 et s. Cet auteur demeure conscient que la consolidation de l'information environnementale dans les groupes de sociétés risque d'être malaisée et ne facilitera peut-être pas la transparence.

concurrentiel, risque contractuel, fiscal excessif ou acte anormal de gestion) du risque de défaillance.

La défaillance est un défaut de paiement entendu au sens juridique du terme, c'est-à-dire l'absence d'extinction de l'obligation par sa correcte exécution. Dans un sens un peu plus large, la défaillance constitue l'absence de satisfaction du créancier[105]. Pour se prémunir contre ce risque, des garanties ont été mises en place par le législateur et parmi lesquelles le créancier va choisir celles qui lui conviennent le mieux. Lorsque la défaillance est gravissime, on peut ouvrir une procédure collective. Dans cette occurrence, le risque est avéré.

Le risque concurrentiel est défini comme la probabilité que des entreprises mettent en œuvre une pratique anticoncurrentielle, afin de s'extraire au moins partiellement du fonctionnement concurrentiel du marché[106]. Une approche plus normative appréhende la notion comme le risque pour l'ordre public économique de voir se réaliser sur un marché des pratiques anticoncurrentielles, perturbant ainsi le jeu normal de la concurrence[107]. Ainsi, l'entreprise s'auto-évalue et adopte des stratégies telles que les programmes de conformité (compliance) et les procédures négociées (collaboration avec les autorités).

16. Au regard de toutes ces précisions, relevons que si le droit sénégalais des hydrocarbures ne peut être qualifié de « droit économique »[108], il n'en est pas très éloigné, partant tout simplement de la définition de la notion d'activité économique par la loi n° 94-69 du 22 août 1994 fixant le régime d'exercice des activités économiques. Il pourrait également être rapproché du droit des affaires perçu comme l'aspect pratique du droit économique[109].

---

[105] C. JUILLET, « Risques et sûretés », *in Risques d'entreprise : quelle stratégie juridique ?,* p. 307.

[106] R. RUBLE, B. VERSAEVEL, « Mise en œuvre de la collusion et détection : approches passives *», in Dossier Entreprise et risque concurrentiel*, RLC, janvier/ mars 2010, p. 119.

[107] L. CAMENSULI-FEUILLARD, « Gestion du risque concurrentiel », *in Risques d'entreprise : quelle stratégie juridique ?,* p. 211.

[108] Sur la nécessité d'enseigner le droit économique, V. SAVATIER René, « La nécessité de l'enseignement d'un droit économique », Recueil Dalloz, 1961, chron, pp. 117-120 ; VEDEL Georges, « Le droit économique existe-t-il ? » : 766, Mélanges Vigreux, Université de Toulouse 1981 ; *Le droit économique aujourd'hui*, Recueil Dalloz, 2010, p. 1436.

[109] CHAMPAUD Claude, « Contribution à la définition du droit économique », Recueil Dalloz, 1967, p. 33.

Dans tous les cas, la pluridisciplinarité traduit également l'idée selon laquelle les opérations pétrolières et gazières cristallisent plusieurs intérêts bien spécifiés dans la Directive C/DIR 3/05/09 en date du 27 mai 2009 portant sur l'harmonisation des principes directeurs et des politiques dans le secteur minier. En effet, dans cette Directive, on parle de « communauté d'intérêt » pour faire allusion aux populations locales, à l'artisanat minier, aux travailleurs employés dans les mines. Les intérêts en question sont ceux des gouvernements, États membres, des investisseurs ou compagnies minières, des communautés minières ou locales[110], de la société civile, des médias[111] et de l'environnement[112]. Il a été démontré que la société civile, les populations riveraines pouvaient revêtir la qualité de parties dans les litiges relatifs aux investissements puisque de nombreux litiges opposant les États et les investisseurs, généralement étrangers portent sur la violation des droits desdites populations. En outre, il arrive que les investisseurs titulaires d'un contrat pétrolier ou minier concluent une convention accessoire à celui-ci avec les riverains dénommée accords de développement

[110] Elles ont le droit de posséder, occuper, développer leurs terres, les autres ressources naturelles, leurs droits de propriétés culturelle et intellectuelle.

[111] Adoption d'une législation sur la liberté d'information si cette législation n'existe pas.

[112] Si, de manière générale, l'application de la responsabilité civile dans le domaine de l'environnement suppose un dommage causé à l'environnement, la doctrine établit une distinction au sein de ces dommages. Alors que le préjudice écologique réside dans le préjudice qui atteint un élément de l'environnement tout en ayant des répercussions sur des personnes, le préjudice écologique pur atteint uniquement et directement un élément de l'environnement. C'est celui qui est causé « à la nature sauvage sans répercussion immédiate et apparente sur les activités humaines » (MARTIN G., *Réflexions sur le dommage à l'environnement – le dommage écologique pur –, in* Droit et environnement, PUAM, 1995 : 115), qui « est subi par l'environnement lui-même » (Viney Geneviève., Le préjudice écologique, Resp. civ. et assur, mai 1998, spéc. p. 8). V. Le lamy Droit de la responsabilité, n° 370-59 Distinction doctrinale préjudice écologique/préjudice écologique pur. Le législateur sénégalais a prévu le dommage écologique. Les victimes sont le milieu naturel, les personnes et les biens. Tout le Titre 2 du Décret d'application n° 2001-282 du Code de l'environnement a été consacré à l'étude d'impact environnemental. Quant à l'Annexe 1 au Décret précité, elle a prévu la liste des projets et programmes pour lesquels une étude d'impact sur l'environnement approfondie est obligatoire. Figurent dans cette liste les industries extractives et minières. C'est dire que le Sénégal a été bien en avance sur le législateur communautaire notamment le code communautaire minier. Le législateur béninois quant à lui a supplanté les deux législateurs précités.

communautaire visant à imposer à l'investisseur de contribuer au bien-être des tiers exposés aux incidences néfastes de l'industrie extractive[113].

17. L'intitulé de cet ouvrage aurait pu être « Droit sénégalais de l'industrie extractive »[114], ou « législation pétrolière et gazière », « réglementation pétrolière et gazière »[115], « droit pétrolier et gazier »[116] ou « droit de l'énergie »[117] tout court ? En effet, la loi n° 86-13 du 14 avril 1986 n'ignore pas le concept de *législation pétrolière* de même que la loi n° 2019-03 du 1er février 2019 portant Code pétrolier[118].

Ce n'est guère une surprise de citer la loi n° 86-13 du 14 avril 1986 d'autant qu'il n'est pas certain que ses dispositions relatives au contrat

---

113 NGWANZA Achille, « Pratiques contractuelles de l'industrie extractive et participation des riverains aux arbitrages » – *AJ contrat* 2020.135.

114 Selon Lamine HIMBE, le domaine de l'extractif fait référence à la mine solide (minerais) et à la mine liquide (hydrocarbures). On parle aussi des industries extractives pour faire allusion aux activités pétrolières, minières et gazières (note de bas de page 38). HIMBE Lamine, « La traçabilité extractive au service de la sécurité transnationale », *in* La transparence des industries extractives en Afrique sous la direction de Christophe Krolik et Charles Moumouni, Presses de l'université du Québec, chapitre 10, note de bas de page 38.

115 Le rapport de présentation du Décret n° 86-631 du 24 mai 1986 approuvant une convention-type de recherches et d'exploitation des hydrocarbures (JORS, 7 juin 1986 : 247) en utilisant le vocable « réglementation », y inclut la loi et le décret.

116 Dans l'exposé des motifs de la loi n° 86-13 du 14 avril 1986 portant code pétrolier, il est question de « droit pétrolier ». Il en est de même dans l'exposé des motifs de la loi n° 98-05 du 8 janvier 1998 portant code pétrolier (on y évoque le « droit pétrolier international »). Que dire alors de l'ouvrage de Thierry Lauriol ET Emilie Raynaud intitulé, *Le droit pétrolier et minier en Afrique* ? De l'existence de normes, usages et pratiques ?

117 Au-delà du pétrole et du gaz, le domaine énergétique renvoie à l'énergie nucléaire, solaire, au charbon etc. Un examen de la lettre de politique de développement du secteur de l'énergie permet de constater que le secteur pétrolier et gazier est un sous-secteur de l'énergie V. Pour cette précision, KAHN Philippe, Note introductive aux travaux de la première commission « Equivalences des prestations », *in Les contrats internationaux de coopération industrielle et le nouvel ordre économique international*, PUF, 1980, p. 35 *; Adde* SABLIERE Pierre, *Droit de l'énergie*, Dalloz Action 2014/2015, 2858. L'auteur range dans la catégorie des énergies renouvelables l'éolien, le solaire, le géothermique, l'hydraulique. De même, les hydrocarbures sont considérées comme de l'énergie primaire c'est-à-dire celle qui est disponible dans la nature avant toute transformation (n°001.12). Voir également la définition de l'énergie primaire prévue dans la loi n°2021-31 portant Code de l'électricité. *Adde* A. CANTON-FOURRET Altide, FANFIL Monesty Junior, *Le droit de l'énergie en Afrique,* L'Harmattan, 2015.

118 Article 70 du Code pétrolier de 2019.

de services aient été abrogées[119]. Il en est de même des dispositions relatives à la convention-type attachée à l'octroi d'un titre minier d'hydrocarbures ou d'un contrat-type de services[120]. Finalement, c'est plutôt l'intitulé « Droit sénégalais des hydrocarbures (pétrole et gaz) » qui est préféré aux autres en raison de la nature juridique de l'activité d'exploitation d'hydrocarbures, à savoir un acte de commerce[121], mais également de l'usage du terme « industrie pétrolière et gazière », tant dans la loi de 2019 relative au contenu local dans le secteur des hydrocarbures que dans le Code pétrolier.

Pour rappel, les hydrocarbures visés dans la loi n° 98-31 du 14 avril 1998 relatif aux activités d'importation, de raffinage, de stockage, de transport et de distribution des hydrocarbures sont d'une part, les hydrocarbures raffinés et le pétrole brut et le gaz naturel, d'autre part[122]. Les hydrocarbures raffinés ou produits dérivés s'entendent du pétrole ou du gaz naturel qui ont subi des opérations de première transformation ayant pour objet de les rendre marchands. On distingue également les hydrocarbures liquides de ceux gazeux[123]

18. Sources du droit sénégalais des hydrocarbures. Il y a une diversité de textes qui régissent le droit des hydrocarbures. Il s'agit entre autres de la :

– Loi n° 2019-03 du 1er février 2019 portant Code pétrolier et son Décret d'application[124] ;

– Loi n° 2019-04 du 1er février 2019 relative au contenu local dans le secteur des hydrocarbures ;

– Loi n° 2020-06 du 7 février 2020 portant Code gazier ;

---

[119] Article 5 de la loi n° 86-13 du 14 avril 1986 portant Code pétrolier.

[120] Article 4 du Décret n° 86-571 du 12 mai 1986 fixant les conditions d'application de la loi n°86-13 du 14 avril 1986 portant Code pétrolier. V. également l'article 3 du Décret n° 98-810- du 06 octobre 1998 fixant les modalités et conditions d'application de la loi n° 98-05 du 08 janvier 1998 portant Code pétrolier.

[121] Aux termes de l'article 22 de l'ordonnance n°60-24 MTP fixant le régime juridique et fiscal de la recherche, de l'exploitation et du transport des hydrocarbures, l'exploitation des gisements d'hydrocarbures liquides ou gazeux est un acte de commerce. V. également l'article 41 du Code pétrolier de 2019.

[122] Le pétrole brut, le gaz naturel et le gaz de pétrole liquéfié relèvent de l'énergie primaire (article 3 de la loi n°2021-31 portant Code de l'électricité).

[123] V. Par exemple article 2 des statuts de la PETROSEN.

[124] Décret n° 2020-2061 du 27 octobre 2020 fixant les modalités d'application de la loi n°2019-03 du 1er février 2019 portant Code pétrolier.

– Loi n° 98-31 du 14 avril 1998 relative aux activités d'importation, de raffinage, de stockage, de transport et de distribution des hydrocarbures ainsi que ses décrets d'application.[125]

Cette diversité de textes qui régissent le droit des hydrocarbures pose le problème de leur articulation. En effet, à examiner l'article 2 du Code gazier[126], on peut affirmer que certaines dispositions nationales ne sont pas abrogées. C'est le cas du Décret n° 98-338 du 21 avril 1998 fixant les conditions d'exercice des activités d'importation, de stockage, de transport et de distribution des hydrocarbures. Notons cependant que ce texte ne vise pas l'activité de raffinage. Ce faisant, lorsqu'on parlera de cette activité, c'est la loi 98-31 du 14 avril 1998 relative aux activités d'importation qui aura vocation à s'appliquer.

Au-delà, on peut se demander si le contrat de concession subsiste toujours comme pétroliers depuis l'adoption du Code pétrolier en 2019 et ce, au regard de l'article 75 dudit Code qui dispose que : « Sont abrogées toutes dispositions contraires au présent Code, notamment la loi n° 98-05 du 08 janvier 1998 portant Code pétrolier ». Poser une telle question n'est pas sans intérêt quand on sait que les pays en développement se méfient aujourd'hui des contrats d'investissement, de service et spécialement de la concession[127]. Ce contrat est sans aucun doute à l'origine de l'installation la plus stable de l'investisseur étranger qui a obtenu de l'État d'accueil le droit d'exploiter, pendant une durée généralement longue (jusqu'à quatre-vingt-dix-neuf ans), certaines de ses richesses et s'engage, en contrepartie, à effectuer les investissements nécessaires à cette exploitation et à verser une redevance[128].

---

[125] Décret n°98-341 du 21 avril 1998 fixant les spécifications applicables aux hydrocarbures raffinés abrogé et remplacé par le décret n° 2002-03 du 10 janvier 2002 avait fixé des spécifications applicables aux hydrocarbures raffinés distribués sur le marché intérieur du Sénégal (en 2003 ce décret est abrogé par un autre qui à son tour l'a été en 2011. Celui de 2011 a été abrogé et remplacé par le Décret 2014-961 du 4 août 2014 portant spécifications des produits pétroliers applicables au Sénégal), le Décret n° 98-342 du 21 avril fixant les modalités de détermination des prix des hydrocarbures raffinés. Ce dernier décret a été abrogé par le Décret n° 2006-952 du 26 septembre 2006 abrogeant et remplaçant le décret n° 98-342 du 21 avril 1998 fixant les modalités de détermination des prix des hydrocarbures raffinés.

[126] Voir également les articles 39 du Code pétrolier et 16 du Code gazier.

[127] PELLET Alain, *Le droit international du développement*, Que sais-je ? PUF, 1978, p. 57.

[128] PELLET Alain, *Ibid.*

19. En outre, relevons la tendance des juristes aujourd'hui et de plus en plus à l'illustration de leurs écrits par des tableaux[129], diagrammes[130] ou dessins[131]. Ladite tendance illustre parfaitement l'esprit d'ouverture des juristes ainsi que leur appropriation de la célèbre opinion de Claude CHAMPAUD selon laquelle : « un juriste qui ne connaît que le droit, n'est pas un juriste. »[132]

Un chapitre premier sera consacré au cadre juridique et institutionnel (CHAPITRE I) d'abord, ensuite aux contrats extractifs (CHAPITRE II).

[129] PAILLUSSEAU Jean, « Le droit est aussi une science d'organisation (et les juristes sont parfois des organisateurs juridiques) », *RTDCom*,1989, n° 1, spèc. pp. 30-33.
[130] V. CORREA Jean-Louis, « Epistémologie des catégories contractuelles du Code des obligations civiles et commerciales (COCC) », *in Le droit africain à la quête de son identité, in* Mélanges offerts au Professeur Isaac Yankhoba Ndiaye, L'Harmattan Sénégal, 2021, p. 253.
[131] CHAMPAUD Claude, « Contribution à la définition du droit économique », Dalloz, 1967, p. 220.
[132] *Adde* CHEVALIER Jacques, « Qu'est-ce qu'un « bon juriste » ? », *in* M. Vogliotti (dir.), *Pour une nouvelle éducation juridique*, L'Harmattan, 2018, pp. 55-64.

CHAPITRE 1

LE CADRE JURIDIQUE ET INSTITUTIONNEL

20. Le secteur pétrolier et gazier comprend une phase amont et aval entraînant pour conséquence sa complexité. Ainsi, sa véritable prise en compte voire compréhension exige une démarche holistique. En réglementant ce secteur, le législateur sénégalais a fixé un cadre général (Section 1) et spécial (Section 2). Dans le cadre général, le rôle de l'État, des différents ministères impliqués, des entreprises publiques telles que PETROSEN sera mis en exergue. Les problématiques inhérentes à la gouvernance de l'exploitation des ressources pétrolières et gazières seront abordées. Celle afférente à la transparence ne sera point en reste.

Comment la main-d'œuvre locale, le secteur privé national pourront-ils prendre part à toutes les activités du secteur amont ou chaîne de valeur ? C'est à cette question qu'a tenté de répondre le législateur sénégalais à travers l'adoption de la loi n° 2019-04 du 1er février 2019 relative au contenu local dans le secteur des hydrocarbures. Cette loi ayant comme caractéristique le réalisme, son degré d'effectivité sera examiné.

Section 1. Le cadre général

21. Le rapport de présentation du Décret n° 98-338 du 21 avril 1998 fixant les conditions d'exercice des activités d'importation, de stockage, de transport et de distribution des hydrocarbures précise que le Gouvernement du Sénégal a adopté une nouvelle politique de développement du secteur de l'énergie à savoir la libéralisation de tous les segments d'activités du secteur des hydrocarbures. C'est dire que c'est le Gouvernement du Sénégal qui définit la politique en matière d'hydrocarbures, le ministre en charge des Hydrocarbures assurant sa mise en œuvre[133]. Comme on peut le percevoir, chaque entité joue un rôle précis en matière d'hydrocarbures. Si l'État définit la politique en

[133] Article 3 portant Code pétrolier de 2019.

matière d'hydrocarbures (Paragraphe 1), le rôle des autres organes dans le secteur, n'est pas à négliger (Paragraphe 2).

Paragraphe 1. L'État, organe définissant la politique en matière d'hydrocarbures

22. L'État dont il est question ici, est l'État du Sénégal, comme on peut s'en rendre compte au regard des définitions prévues par la loi n° 2019-03 du 1er février 2019 portant Code pétrolier. Si dans les anciens Codes, notamment celui de 1998, les ressources naturelles étaient la propriété de l'État, tel n'est plus le cas désormais depuis la loi constitutionnelle n° 2016-10 du 05 avril 2016 portant révision de la Constitution. En effet, on assiste à une redéfinition du rôle de l'État (A), ce qui ne l'empêche surtout pas d'être titulaire de droits et redevable d'obligations (B).

A- La redéfinition du rôle de l'État

23. L'État est, dans la plupart des pays, propriétaire de toutes les ressources naturelles situées sur son territoire ; ce qui inclut les minéraux se trouvant sous la surface du sol, même si les droits de surface appartiennent à une autre personne, privée par hypothèse. Ce droit est souvent établi dans la Constitution et souvent répété dans une « Loi sur les mines » ou un « Code pétrolier » et le contrat extractif lui-même[134]. Ce propos est pertinent au regard de l'article 3 de la loi n° 98-05 du 8 janvier 1998 portant code pétrolier qui dispose : « Tous les gisements ou accumulations naturelles d'hydrocarbures existant dans le sous-sol de la République du Sénégal sont la propriété de l'État ». C'est également le cas en République Gabonaise[135]. Mais avec la constitutionnalisation

[134] Le Lamy Contrats internationaux, 2017, n° 361-5. En effet, faisons remarquer que dans le préambule de la Constitution sénégalaise du 22 janvier 2001, le pouvoir constituant a affirmé son adhésion à la DDHC. Celle-ci, en ses articles 2 et 17 consacre le droit de propriété. Les autres textes qui traitent du droit de propriété sont l'article 1er du protocole additionnel à la Convention européenne des droits de l'homme, l'article 17 de la DUDH. V. Sur la question, HEYMANN-DOAT Arlette, *50 libertés et droits fondamentaux*, Dalloz, 2e édition, pp. 211-218.

[135] Loi n° 002/2019 du 16 juillet 2019 portant réglementation du secteur des hydrocarbures en République Gabonaise (*JO* 2019-27 ter) promulguée par le décret n° 00112/PR du 16 juillet 2019 portant promulgation de la loi n° 002/2019 portant réglementation du secteur des hydrocarbures en République (*JO* 2019-27 ter). Les droits de l'État sur les ressources naturelles gabonaises sont consacrés à l'article 10 de la loi précitée.

du droit des populations sur les ressources naturelles[136], on note un changement de paradigme et partant une redéfinition du rôle de l'État en matière d'hydrocarbures. Plusieurs instruments juridiques[137] se sont faits l'écho de cette constitutionna-lisation qui s'inscrit en droit ligne de l'article 22 de la Charte africaine des Droits de l'homme ayant, depuis la Constitution du 22 janvier 2001, valeur constitutionnelle car figurant dans le Préambule de la Charte fondamentale. Cette disposition distingue la titularité du droit de disposition des richesses et ressources naturelles de leur exercice. Si le droit appartient au peuple, il est exercé pour le compte de celui-ci par l'État.

24. L'État n'entreprend-t-il plus directement des opérations pétrolières comme cela était prévu par l'article 6 de la loi n° 98-05 du 8 janvier 1998 portant Code pétrolier et comparativement à l'article 12 du Code minier ?[138] On peut répondre par l'affirmative au regard de l'article 8 de la loi n° 2019-03 portant Code pétrolier.

Au final, il faut distinguer la propriété de l'exercice des droits souverains.

B- Les droits et obligations de l'État dans le secteur des hydrocarbures

25. L'État joue un rôle très important en matière d'hydrocarbures. C'est lui qui autorise, via le ministre chargé des Hydrocarbures, la prospection, l'exploration, l'exploitation des hydrocarbures. C'est également le ministre chargé des Hydrocarbures qui autorise le renouvellement, approuve la cession, le transfert de tout ou partie des droits résultant du titre minier d'hydrocarbures ou du contrat. Seront examinés successivement les droits (1) et obligations de l'État (2).

---

[136] Article 25-1 issu de la loi constitutionnelle n° 2016-10 du 05 avril 2016 portant révision de la Constitution – « Les ressources naturelles appartiennent au peuple. Elles sont utilisées pour l'amélioration de ses conditions de vie ».

[137] Article 5 portant Code pétrolier de 2019 et rapport de présentation du Décret n° 2017-2305 du 27 décembre 2017 portant création de l'Institut national de Pétrole et du Gaz.

[138] L'État peut entreprendre pour son propre compte, soit directement, soit par l'intermédiaire de sociétés ou de personnes physiques ou morales nationales ou étrangères, agissant seules ou en association avec des tiers, toutes opérations minières.

1. Les droits de l'État

26. Les droits de l'État sont :

– la perception d'un *bonus* de signature, de l'impôt sur les sociétés ;

– le droit d'entreprendre des opérations pétrolières (l'État peut le faire *via* PETROSEN agissant seule ou en association avec des tiers dans le cadre d'un contrat de services, par l'intermédiaire d'une ou de plusieurs personnes morales de droit sénégalais ou étranger autorisées à effectuer des opérations pétrolières dans les conditions prévues par un contrat pétrolier) ;

– le droit de participer, par l'intermédiaire de PETROSEN, à tout ou partie des opérations pétrolières en s'associant avec les titulaires d'un contrat pétrolier ou d'une autorisation de prospection. Les modalités de participation sont précisées dans le contrat pétrolier ou l'autorisation de prospection. Ainsi, l'article 9 du Code pétrolier précise que les parts de PETROSEN sont au moins de 10 % portés par les autres co-titulaires ;

– le droit de faire appel à la garantie bancaire si le titulaire d'une autorisation d'exploration n'a pas rempli tout ou partie de ses obligations de travaux, prévus à l'article 21 du Code pétrolier. Les travaux en question s'appellent programme minimum de travaux d'exploration et s'exécutent tant pendant la période initiale que de renouvellement ;

– le droit à une indemnité compensatrice si, sans réaliser l'intégralité du programme minimal des travaux, le contractant renonce à ses droits portant sur la totalité de la zone d'exploration ;

– le droit d'autoriser une ou plusieurs personnes morales à réaliser des activités de prospection, à titre non exclusif[139] ;

– le droit d'autoriser une ou plusieurs personnes morales à réaliser des opérations d'exploration d'hydrocarbures ;

– le droit d'autoriser une ou plusieurs personnes morales à réaliser, à titre exclusif, des activités d'exploitation d'hydrocarbures. Cette autorisation s'appelle autorisation exclusive d'exploitation. À côté, il y a l'autorisation d'exploitation provisoire ;

– le droit d'autoriser une ou plusieurs personnes morales à réaliser des activités de liquéfaction du gaz naturel ;

[139] La précision « à titre non exclusif » est de taille sachant que c'est dans la définition du contrat pétrolier que l'on peut s'apercevoir du fait que les activités d'exploration et/ ou d'exploitation sont effectuées à « titre exclusif ».

– le droit d'autoriser une ou plusieurs personnes morales à réaliser des activités de stockage d'hydrocarbures et de transport afférentes. Pour information, le transport d'hydrocarbures s'opère par oléoducs, gazoducs ou tout autre moyen ;

– le droit de conclure, *via* la société pétrolière nationale, avec le contractant, un contrat de services ;

– le droit de conclure un contrat de partage de production ;

– le droit d'autoriser les personnes physiques ou morales, y compris les propriétaires du sol à entreprendre des opérations pétrolières ;

– le droit de récupérer l'autorisation exclusive d'exploitation à l'expiration de celle-ci au profit de la PETROSEN ou de l'octroyer suivant un appel d'offres ou une consultation directe ;

– le droit au partage de la production d'hydrocarbures ;

– Le droit à la redevance sur la valeur des hydrocarbures produits ;

– Le droit de reprise sur les installations et équipements relatifs aux opérations pétrolières sur la superficie abandonnée en cas d'expiration, de résiliation et de renonciation totale ou partielle du contrat ;

– *Via* ses services, l'État surveille et contrôle les opérations pétrolières ;

– Le droit à ce que la confiscation des substances extraites illicitement soit prononcée à son profit[140].

2. La gestion, la valorisation des hydrocarbures et la gestion des revenus pétroliers

27. L'État assure la gestion et la valorisation des gisements ou accumulations naturelles d'hydrocarbures. Ceux-ci sont la propriété du peuple sénégalais. En outre, il gère les revenus pétroliers suivant les modalités prévues par une loi. Il le fait notamment par une épargne intergénérationnelle. Cette gestion répond au besoin de développement par la promotion des investissements publics dans des secteurs clés ou comme le précise l'article 5 du Code pétrolier. Pour Michel VIRALLY, le développement n'est pas qu'économique ; il est aussi un problème social, affecte tous les aspects de la société[141].

---

140 Article 70 du Code pétrolier.

141 VIRALLY Michel, « Vers un droit international du développement », AFDI, 1965, p. 3.

28. L'État exerce des droits souverains aux fins de prospection, d'exploration, d'exploitation sur toute l'étendue du territoire de la République du Sénégal. Qu'entendre par « territoire de la République du Sénégal » ? Il s'agit de la partie terrestre de la République du Sénégal ainsi que le plateau continental et les zones maritimes sur lesquelles, conformément au droit international, où le Sénégal exerce ses droits de souveraineté ou sa juridiction. Le plateau continental s'étend jusqu'à 200 milles marins à partir des côtes[142]. Au-delà, relevons que les dispositions du Code pétrolier sénégalais ne sont pas éloignées de la Directive 94/22/CEE du Parlement Européen et du Conseil, du 30 mai 1994, sur les conditions d'octroi et d'exercice des autorisations de prospecter, d'exploiter et d'extraire des hydrocarbures qui dispose que « les États membres possèdent la souveraineté et des droits souverains sur les ressources en hydrocarbures situées sur leurs territoires ». On pourra également se référer à la résolution 1803 (XVII) (la reconnaissance du droit inaliénable), à l'article 21 paragraphe 1 de la CADHP, au PIDESC[143], à la déclaration de Stockholm de 1972 et à la charte des droits et devoirs économiques des États du 12 décembre 1974.

On aurait pu penser, qu'étant donné que la mondialisation et la globalisation des échanges a manifestement influé sur le pouvoir normatif des États, notamment en matière économique[144], le principe de souveraineté des États sur leurs ressources naturelles aurait pu être altéré. Pourtant, tel n'est pas le cas. Dans tous les cas, tous les revenus pétroliers sont communicables à toute personne et sont rendus publics[145].

À côté de l'État, d'autres organes jouent un rôle capital dans la gestion de l'industrie pétrolière et gazière sénégalaise.

Paragraphe 2. Les autres organes

29. Trois catégories d'organes existent : les organes de mise en œuvre de la politique de l'État (A), les organes d'aide à la mise en œuvre (B) de cette politique et enfin le Comité National ITIE, organe de contrôle (C).

---

[142] SABLIERE Pierre, *Droit de l'énergie*, *op. cit.*, p. 1068, n° 503.32.

[143] Article 1er et 25.

[144] MARTY Mireille Delmas, « La mondialisation du droit, chances et risques », D.1999, chron. p. 43.

[145] Article 56 du Code pétrolier. Cette disposition précise que les réalisations sociales effectuées par les entreprises pétrolières et gazières sont également communicables à toute personne et sont rendues publiques.

A- Les organes de mise en œuvre de la politique de l'État

30. Aux termes de l'article 3 du Code pétrolier, le ministère en charge des Hydrocarbures assure la mise en œuvre de la politique du Gouvernement en matière d'hydrocarbures. Remarquons qu'il n'est pas le seul dans cette mise en œuvre. Cette observation laisse entendre que non seulement d'autres ministères sont impliqués (1), mais également les entreprises publiques ne sont pas en reste (2).

1. Les ministères impliqués

31. Il s'agit du ministre en charge des Hydrocarbures (a), de celui des finances (b) et du ministre chargé des Affaires maritimes (c).

a- Le ministre en charge des Hydrocarbures

32. On l'appelle aussi autorité compétente. Il est chargé :

– d'assurer la mise en œuvre de la politique du Gouvernement en matière d'hydrocarbures ;

– de recevoir des personnes morales justifiant de capacités techniques et financières requises pour une demande de contrat pétrolier ;

– de négocier les contrats pétroliers octroyés par appel d'offres ou consultation directe. Dans ce cas, il s'appuie sur une commission d'examen et de négociation des contrats pétroliers ;

– d'accorder des autorisations de prospection sur des zones non couvertes par un titre minier d'hydrocarbures ;

– de transmettre pour avis du ministre des Finances sur les dispositions financières fiscales et douanières, le contrat de partage de production ;

– de signer le contrat de partage de production avec les autres signataires tels que la société pétrolière nationale, le ou les demandeurs de l'autorisation d'exploration d'hydrocarbures ;

– d'accorder une autorisation d'exploitation provisoire par arrêté[146] ;

– d'approuver le plan de développement accompagnant la demande d'autorisation exclusive d'exploitation[147] ;

– d'autoriser le transport d'hydrocarbures par arrêté sous réserve de l'article 35 *in fine* du Code pétrolier (pour des installations de transport en

[146] NB/ L'autorisation exclusive d'exploitation est accordée par décret.

[147] NB/ Noter également qu'un plan de mise en exploitation de la découverte commerciale accompagne également la demande d'autorisation exclusive.

zone maritime, l'autorisation de transport d'hydrocarbures est délivrée par arrêté conjoint du ministre chargé des Hydrocarbures et du ministre chargé des Affaires maritimes) ;

– d'approuver les actes de cession ou de transfert des titres miniers qui lui sont transmis ;

– d'approuver tout projet de construction de canalisation ;

– de fixer par arrêté le tarif à payer par les tiers qui utilisent les infrastructures de transport détenues par le titulaire d'autorisation de transport ;

– de valider le schéma commercial des titulaires de contrat pétrolier et de leurs sous-traitants qui ont le droit de transférer les produits (intérêts et dividendes des capitaux investis) à l'exception de transfert des opérations entre filiales d'une même compagnie ;

– d'habiliter des agents et mandater des personnes pour accéder aux installations temporaires ou permanentes, constructions ou chantiers.

33. Par arrêté du ministre chargé des Hydrocarbures, certaines zones peuvent être interdites aux opérations pétrolières. Dans ce cas, les droits acquis des titulaires des titres miniers d'hydrocarbures doivent être préservés. Les zones fermées aux opérations pétrolières pour des raisons d'intérêt général (par intérêt général, le législateur entend de façon non exhaustive l'ordre public, la sécurité nationale et la santé publique) le sont par décret.

Toute cession d'action d'un membre du groupe contractant ou d'une société contrôlant directement ou indirectement un membre du groupe contractant est assimilée à une cession d'intérêts si elle résulte en un changement de contrôle (n'est pas pris en compte le changement de contrôle ayant lieu dans le marché financier). Dans les dix jours suivants sa date de prise d'effet, tout changement de contrôle est notifié au ministre chargé des Hydrocarbures.

34. Le ministre chargé des Hydrocarbures se voit notifier au plus tard dans les quarante-huit heures, par le titulaire d'une autorisation d'exploration, toute découverte d'hydrocarbures. En l'espèce, il sera intéressant de préciser la procédure applicable. Ainsi, après une découverte d'hydrocarbures permettant de présumer de l'existence d'un gisement commercialement exploitable, le titulaire de l'autorisation d'exploration est tenu d'effectuer les travaux d'évaluation dudit gisement et ce, avec diligence. À la fin desdits travaux, il doit établir le caractère commercial de ladite découverte. Si l'existence d'un gisement d'hydrocarbures commercialement exploitable est établie, le titulaire de l'autorisation demande l'octroi d'une autorisation exclusive d'exploitation. Si, à l'issue des travaux, le gisement d'hydrocarbures n'est pas exploitable commercialement dans l'immédiat mais pourrait le devenir, le titulaire de l'autorisation d'exploration peut bénéficier d'une période de rétention pour ladite découverte dans les conditions fixées par le contrat de partage de production.

Il arrive que les limites d'un gisement commercial se trouvent à cheval sur plusieurs autorisations d'exploration, les titulaires concernés, après avoir obtenu une autorisation exclusive d'exploitation, signent un accord d'unitisation pour le développement et l'exploitation commune. Dans un délai de quinze jours à compter de sa signature, l'accord est communiqué au ministre chargé des Hydrocarbures. Les titulaires d'autorisation d'exploitation ont un délai d'un an pour élaborer un programme d'exploitation conjointe. À défaut d'accord amiable à l'issue de ce délai, le ministre précité arrête un programme préparé conformément aux normes et pratiques internationales de l'industrie pétrolière qui sauvegarde les intérêts de chaque titulaire.

35. À la fin de chaque trimestre le titulaire d'un contrat pétrolier fournit au ministre chargé des Hydrocarbures et au ministre des Finances un rapport sur les mouvements de fonds relatifs aux opérations pétrolières effectuées durant le trimestre écoulé. À la fin du contrat pétrolier suite à une expiration du délai ou résiliation ou en cas de renonciation à celui-ci, l'État a un droit de reprise des installations et équipements. À défaut de reprise, le titulaire doit effectuer, à ses frais, leur démontage et enlèvement ainsi que tous les autres travaux d'abandon et de réhabilitation des sites. À défaut d'exécution, le ministre chargé des Hydrocarbures ordonne les diligences nécessaires sur les fonds consignés, aux frais du titulaire.

Le ministre chargé des Hydrocarbures assure la surveillance et le contrôle des opérations pétrolières. C'est lui qui autorise les titulaires de contrats pétroliers à occuper ou procéder à des opérations pétrolières sur les terrains visés à l'article 66 du Code pétrolier.

NB/Un registre spécial des hydrocarbures est ouvert et tenu à jour au niveau du ministère chargé des Hydrocarbures. Ce registre est ouvert le 1er janvier et clos le 31 décembre de chaque année. Il est coté et paraphé par acte notarié. Quelles sont les informations répertoriées et datées dans le registre spécial des hydrocarbures ? Il s'agit :

– des demandes, octrois, renouvellements, extensions, prorogations, cessions, transferts, renonciations, retraits, résiliations ou toutes autres informations concernant les titres miniers d'hydrocarbures et les contrats pétroliers ;

– des autorisations de transport d'hydrocarbures, les cessions et transferts des droits de transport d'hydrocarbures, les demandes de construction d'infrastructures de transport, les autorisations de liquéfaction du gaz naturel et de stockage des hydrocarbures.

Les cartes géographiques sont annexées à ce registre.

35. La composition du ministère en charge des Hydrocarbures est fixée par le Décret n° 2020-924 portant organisation du ministère du Pétrole et des Énergies. Il s'agit, aux termes de l'article 2 dudit Décret, du cabinet et des services rattachés, du secrétariat et des services rattachés et des directions.

b- Le ministre des Finances

36. Il doit donner son avis sur les dispositions financières fiscales et douanières du contrat de partage de production. Il délivre une franchise des droits et taxes (ce sont des droits et taxes de douane) durant les périodes d'exploration, d'évaluation et de développement aux sociétés bénéficiaires (sociétés titulaires d'un contrat pétrolier, sociétés sous-traitantes des opérations pétrolières) qui lui en font la demande sur la base d'une attestation administrative visée par le ministre chargé des Hydrocarbures. La franchise n'est accordée que lorsque les biens d'équipement et de consommation ne sont pas disponibles au Sénégal dans les conditions équivalentes de qualité, quantité, prix, délais de livraison et de paiement.

Sous réserve de validation préalable du schéma commercial par le ministre chargé des Hydrocarbures et des Finances, les titulaires de contrat pétrolier et les sous-traitants ont le droit de transférer les produits, notamment les intérêts et dividendes des capitaux investis. Les ministres en question se voient fournir un rapport sur les mou-vements de fonds dans les trente jours suivant la fin de chaque trimestre.

c- Le ministre chargé des Affaires maritimes

37. Lorsqu'il bénéficie d'une autorisation exclusive d'exploitation, le contractant détient le droit exclusif de transporter la production résultant de ses activités d'exploitation. Mais pour ce faire, il se voit délivrer par le ministre chargé des Hydrocarbures, une autorisation de transport d'hydrocarbures. Mais, pour les installations de transport en zone maritime, l'autorisation de transport d'hydrocarbures est délivrée par arrêté conjoint du ministre en charge des Hydrocarbures et du ministre chargé des Affaires maritimes ou suivant le décret n° 2017-1533 du 07 septembre 2017 fixant la composition du Gouvernement, le ministre de la Pêche et de l'Économie maritime.

2. Les entreprises publiques impliquées

38. Une entreprise publique est suivant l'article 1er de la Directive n° 01/2002/CM/UEMOA relative à la transparence des relations financières d'une part, entre les États membres et les entreprises publiques et, d'autre part, entre les États membres et les organisations internationales ou étrangères, toute entreprise sur laquelle les pouvoirs publics peuvent exercer directement ou indirectement une influence dominante du fait de la propriété, de la participation financière ou des règles qui la régissent. Au regard de cette définition, on peut arriver à la conclusion selon laquelle, le législateur de l'UEMOA a prévu trois critères d'identification : la propriété de l'entreprise, la part dans celle-ci et les règles applicables. Nous parlerons successivement de la société pétrolière nationale par excellence à savoir la PETROSEN (a) et de la société africaine de raffinage (b).

a- PETROSEN et/les autres entreprises relevant du secteur parapublic

39. Dans le cadre de cette étude, l'accent est mis sur la PETROSEN, société anonyme à participation publique majoritaire ou société pétrolière nationale par excellence. Elle est régie par :

– l'AUSCGIE en remplacement de la loi n° 85-40 du 29 juillet 1985 relative à la quatrième partie du COCC ;

– la loi n° 90-07 du 26 juin 1990 relative à l'organisation et au contrôle des entreprises du secteur parapublic et au contrôle des personnes morales de droit privé bénéficiant du concours financier de la puissance publique en ses dispositions non contraires à l'AUSCGIE ;

– les dispositions légales et réglementaires ;

– ses statuts.

40. L'importance de PETROSEN s'apprécie à travers l'article 2 de ses statuts ainsi que l'article 4 du Code pétrolier de 2019[148]. Ainsi, cette société a pour objet :

– la promotion ;

– l'entreprise d'opérations pétrolières amont ;

– l'entreprise d'opérations pétrolières ou non aval.

Au regard de l'article 2 des statuts de PETROSEN, faisons remarquer une sorte d'extension de l'objet social de celle-ci. Désormais, elle ne se limite plus à promouvoir le bassin sédimentaire sénégalais, mais à entreprendre des opérations pétrolières amont et aval. C'est ce qui a justifié la mise en place en fin 2019 de deux filiales : l'une s'activant dans l'amont pétrolier, l'autre, dénommée PETROSEN TRADING et SERVICES, dans l'aval pétrolier.

41. Il faut dire que PETROSEN obtient une véritable promotion à travers les activités suivantes : prise de participation (article 4), entreprise des opérations pétrolières par contrat d'association ou autre groupe. Dans ce dernier cas on pense à la *joint-venture* contractuelle.

Mais l'État peut également s'attacher les services de personne morale de droit sénégalais (que dire de l'article 92 du Traité de l'UEMOA ?) ou étranger (article 8 du Code de 2019). De même, si PETROSEN est une société pétrolière nationale, elle ne semble pas être la seule vu qu'une société pétrolière nationale peut être : « toute autre entreprise constituée en vue de réaliser des opérations pétrolières sous la forme d'un établissement public, d'une société nationale ou d'une société anonyme à participation publique majoritaire ». C'est dire que les sociétés nationales pétrolières sont les entreprises relevant du secteur parapublic[149]. Pour l'instant, en dehors de PETROSEN, l'État du Sénégal

---

[148] Non seulement PETROSEN agit au nom et pour le compte de l'État, mais également c'est la société pétrolière par excellence.

[149] Aux termes de l'article 2 de la loi n° 90-07 du 26 juin 1990 relative à l'organisation et au contrôle des entreprises du secteur parapublic et au contrôle des personnes morales de droit privé bénéficiant du concours financier de la puissance publique le secteur parapublic comprend :
– les établissements publics à caractère industriel et commercial ;
– les sociétés nationales ;
– les sociétés anonymes à participation publique majoritaire initialement dénommée sociétés d'économie mixte.
V. également le Décret n° 88-1725 du 22 décembre 1988 relatif aux statuts-types des sociétés nationales, *JORS*, 1989, p. 51.

n'a pas créé d'autres sociétés ayant le même objet et qui viendrait la seconder ou concurrencer. De même, il ne semble pas que la forme EPIC soit très empruntée par les entreprises publiques qui interviennent dans les opérations pétrolières, gazières et même minières[150].

En tout état de cause, la problématique de l'exécution forcée contre les entreprises publiques se pose avec beaucoup d'acuité.

b- La SAR

42. Avant la mise en place de la SAR en 1961, la gestion du pétrole était assurée, dans toute l'AOF, par la Société Africaine des Pétroles (SAP). Un an après son indépendance, l'État du Sénégal, en association avec Elf France, a créé, par convention d'établissement, la SAR en remplaçant de la SAP. Son rôle consiste à approvisionner correctement et régulièrement le marché sénégalais en produits pétroliers à savoir le gaz butane, l'essence, le kérosène, le gasoil, diesel et le fuel *oil*[151]. En raison des différentes réformes intervenues en 1998 notamment l'adoption de la loi n° 98-31 du 14 avril 1998 relative aux activités d'importation, de raffinage, de stockage, de transport et de distribution des hydrocarbures et ses Décrets d'application, la convention de mise en place de la SAR a perdu tout intérêt juridique. La SAR a deux principales activités : une activité industrielle qui consiste à ravitailler en produits pétroliers le marché sénégalais[152] et une activité commerciale tenant à l'importation de produits pétroliers finis.

B- Les organes d'aide à la mise en œuvre

43. Le COS/PETROGAZ a été institué pour participer à l'amélioration de la gouvernance de l'exploitation des ressources pétrolières et gazières et plus particulièrement la transparence dans la gestion des ressources naturelles[153] (1). Dans le secteur aval, la mise en place d'un comité national des hydrocarbures a entre autres pour objectifs de donner

---

[150] La SOMISEN est une société anonyme créée par la loi n° 2020-31 portant création d'une société nationale dénommée « Société des Mines du Sénégal » en abrégé (SOMISEN-SA).

[151] SOW Birame, *L'encadrement juridique de l'aval des hydrocarbures au Sénégal, de la réforme de 1998 à nos jours*, PUD, p. 14.

[152] Cela passe par le raffinage du pétrole brut importé.

[153] Cela a été rappelé dans le rapport de présentation du décret instituant l'INPG.

des avis et recommandations au ministre chargé des Hydrocarbures[154] sur toutes questions concernant ledit secteur (2). Enfin, relevons que le capital humain n'a pas été en reste dans la mesure où l'Institut National de Pétrole et du Gaz est chargé de former des hommes et femmes capables d'appréhender les véritables enjeux découlant de la découverte des hydrocarbures (3).

1. Le COS/PETROGAZ, organe d'orientation

44. Le COS-PETROGAZ a été institué par le décret n° 2016-1542 du 03 octobre 2016 portant création et fixant les règles d'organisation et de fonctionnement du Comité d'orientation stratégique du Pétrole et du Gaz. Il est chargé :

– d'assister le Président de la République dans la définition, la supervision, l'évaluation et le contrôle de la mise en œuvre de la politique nationale en matière de développement de projets pétroliers et gazier ;

– assister le Gouvernement dans la mise en œuvre des stratégies, programmes et projets pour la promotion et le développement de projets pétroliers et gaziers ;

– valider, en dernier ressort, toutes les études relatives aux réserves de gaz et de pétrole, ainsi que des gisements à développer ;

– valider, en relation avec les opérateurs publics et privés du secteur, tous les documents stratégiques, programmes et plans d'action pour la création de structures de formation professionnelle et de recherche afin de s'assurer la promotion de l'emploi à travers les projets pétroliers et gaziers en réalisation ;

– assurer le suivi de l'évaluation des réserves stratégiques et de la commercialisation des hydrocarbures ;

– impulser, en rapport avec les ministères et structures publiques impliqués, ainsi que les partenaires techniques et financiers nationaux, bilatéraux, multilatéraux et privés, la mobilisation de l'assistance technique et des financements des programmes et projets de promotion des sous-secteurs pétrolier et gazier ;

---

[154] En l'espèce, le ministre chargé des Hydrocarbures est celui qui conçoit, propose au Président de la République une politique générale ainsi que les normes applicables au secteur des produits pétroliers (article 3 de la loi n° 98-31 du 14 avril 1998 relative aux activités d'importation, de raffinage, de stockage, de transport et de distribution des hydrocarbures).

– assurer le suivi de la bonne gestion du sous-secteur des hydrocarbures.

Il comprend :

– Les ministres (chargé des Forces armées, de l'Intérieur et de la Sécurité publique, Affaires étrangères et des Sénégalais de l'Extérieur, Finances et du Plan, Énergie et du Développement des Énergies renouvelables, des Infrastructures, des Transports terrestres et du Désenclavement, économie, des Finances et du Plan, Enseignement supérieur et de la Recherche, Économie maritime, Environnement et du Développement durable, Industrie et des Mines, de la Pêche et de l'Économie maritime, de la Promotion des Investissements, des Partenariats et du Développement des Téléservices de l'État) ;

– Les représentants des Institutions de la République (L'Assemblée nationale, le Haut conseil des collectivités territoriales, le Conseil économique social et environnemental. NB/Un représentant par institution) ;

– le Comité national-ITIE (Président) ;

– Comité national de l'énergie (Secrétariat permanent) ;

– Comité national des Hydrocarbures (Secrétariat permanent) ;

– PETROSEN (DG) ;

– SAR (DG) ;

– SENELEC (DG) ;

– APIX (DG) ;

– FONSIS (DG) ;

Ainsi, le COS-PETROGAZ participe à l'amélioration de la gouvernance de l'exploitation des ressources pétrolières et gazières. Par Décret n° 2020-2094 modifiant le décret n° 2016-1542 du 03 octobre 2016 portant création et fixant les règles d'organisation et de fonctionnement du COS-PETROGAZ, le Président de la République a décidé d'élargir la composition du comité à la société civile et aux partis de l'opposition et ce, dans la poursuite de la dynamique de transparence. Désormais, au-delà des membres précités, le COS-PETROGAZ comporte un représentant de la société civile et un représentant des partis politiques de l'opposition. Un arrêté conjoint du ministre chargé de l'Énergie et du ministre chargé de l'Intérieur fixe les modalités de désignation des représentants de la société civile et de l'opposition. À préciser que lors des travaux de COS-PETROGAZ, le Président de la République peut inviter toute personne ou compétence utile à la réalisation de ses missions. Le réaménagement de la composition du COS/PETROGAZ est également tributaire de la suppression du poste de Premier ministre par la loi constitutionnelle n° 2019-10 du 14 mai 2019 portant révision de la Constitution ainsi que des changements apportés à l'architecture gouvernementale par le décret n° 2019-1819 du 02 novembre 2019 fixant la composition du Gouvernement.

Le GES-PETROGAZ est l'unité d'exécution et de gestion chargée de la mise en œuvre des délibérations du COS-PETROGAZ (article 7 du Décret n° 2016-1542 portant création et fixant les règles d'organisation et de fonctionnement du Comité d'Orientation Stratégique du Pétrole et du Gaz modifié par le Décret n° 2020-2094). Ses attributions sont visées à l'article 8 du Décret n° 2020-924 portant organisation du ministère du Pétrole et des Énergies.

2. Le comité national d'hydrocarbures

45. Il a été institué par le Décret n° 98-337 du 21 avril 1998 fixant la composition et les règles de fonctionnement du comité national des hydrocarbures pris en application de l'article 4 de la loi n° 98-31 du 14 avril 1998 relative aux activités d'importation, de raffinage, de stockage, de transport et de distribution des hydrocarbures. C'est un organe consultatif composé de représentants des principaux ministères concernés par le secteur des hydrocarbures (ministère chargé des Hydrocarbures, des Finances, du Commerce, de l'Environnement, des Transports, de la Protection civile), des directions telles que le Directeur général des douanes et le Directeur général du port autonome de Dakar. Il a pour mission d'émettre des avis et de formuler des recommandations sur toutes questions concernant le secteur qui lui sont soumises par le ministère chargé des Hydrocarbures. À ce titre, il est chargé notamment de :

– proposer les modifications à apporter à la réglementation applicable au secteur ;

– émettre un avis sur les demandes d'octroi de licences ;

– proposer des sanctions à l'encontre des titulaires de licences en cas de manquements à leurs obligations ;

– assurer les liaisons de concertations périodiques avec les opérateurs, les consommateurs et les autres institutions du secteur pétrolier ;

– analyser et évaluer l'impact des mesures de libéralisation sur les performances du secteur pétrolier ;

– suivre l'évolution des prix.

Relevons que l'inflation des avis, recommandations et communiqués a pu être perçue comme un foisonnement des sources informelles et partant, un passage du droit imposé à un droit consenti[155]. Il en est de même des circulaires.

3. L'Institut National de Pétrole et du Gaz (INPG)

46. Il a été créé en vue de doter le Sénégal de ressources humaines qualifiées et aptes à prendre en charge les dynamiques multisectorielles qui ressortent des activités relatives non seulement à l'exploitation, mais aussi à la production et à la gestion des ressources pétrolières et gazières. Ce faisant, l'INPG doit assurer la formation spécialisée et continue des ingénieurs, cadres, techniciens et opérateurs dans les métiers du pétrole et du gaz. L'INPG a également une mission d'information des administrations, de l'industrie, des techniciens et des chercheurs dans les domaines pétroliers et gaziers. Enfin, l'INPG a pour mission la promotion de la coopération internationale et du partenariat dans le domaine du pétrole et du gaz. On aura compris que l'État du Sénégal a voulu faire de l'INPG, le seul organe habilité à délivrer des diplômes dans le domaine du pétrolier et du gaz[156]. Mais cet organe a-t-il réellement les moyens de sa politique ? Il est permis d'en douter en tenant compte de la manière dont la formation va se dérouler (article 16 alinéas 2 et 3) ainsi que du contenu du programme (article 16 alinéa 1er du décret).

C- Le Comité National ITIE, organe de contrôle

47. L'ITIE assure un contrôle public indépendant et tripartite des revenus perçus par l'État et versés par les entités déclarantes[157]. Ces entités déclarantes sont entre autres, les sociétés minières, pétrolières et gazières. Le comité National-ITIE est, suivant le rapport de présentation du Décret n° 2013-881 du 20 juin 2013 portant création, organisation et fonctionnement du CN-ITIE, un comité exécutif tripartite chargé de veiller à la mise en œuvre de l'ITIE. Par comité exécutif

[155] PUIG Pascal, « Hiérarchie des normes : du système au principe », *RTD civ*, 2001, p. 749.
[156] Article 18 du Décret n° 2017-2305 du 27 décembre 2017 portant création et fixant les règles d'organisation et de fonctionnement de l'INPG.
[157] SOMDA Adrien et BODIAN Idrissa, « Activités extractives : quel contrôle public durable ? », www.itie.sn/Documentation/, consulté le 11-02-2021 à 9h 27 mn.

tripartite il faut entendre les membres issus du Gouvernement, les entreprises extractives publiques et privées, la société civile[158].

L'adhésion du Sénégal à l'ITIE vise à lutter contre la corruption et les crimes économiques connexes (il y a des entreprises qui font une demande de licence ou de contrat pétrolier, gazier et minier. Que faut-il faire de leurs bénéficiaires effectifs ? Il y a également des entreprises qui détiennent chez ces bénéficiaires une participation directe. Que faut-il faire ? C'est tout l'intérêt de l'article 55 du Code pétrolier[159] et du décret n° 2020-791 relatif au Registre des Bénéficiaires effectifs). Aux termes du Décret n° 2013-881 du 20 juin 2013 précité, le CN-ITIE veille à la publication régulière de toutes les recettes tirées de l'exploitation, des industries extractives et à la publication des paiements, versées par les sociétés parties prenantes dans le périmètre de l'ITIE sur le territoire sénégalais. Suivant l'article 3 du décret précité, le CN-ITIE est présidé par un fonctionnaire de la hiérarchie A1 nommé par décret[160] et comprend les membres ci-après :

– un (1) représentant de la Présidence de la République ;

– deux (2) représentants de l'Assemblée nationale ;

– un (1) représentant de la Primature ;

– un (1) représentant du ministère de l'Économie et des Finances ;

– un (1) représentant du ministère en charge des Infrastructures ;

– un (1) représentant du ministère des Collectivités locales ;

– un (1) représentant du ministère en charge des Mines ;

– un (1) représentant du ministère de la Culture ;

– un (1) représentant du ministère de l'Intérieur ;

– un (1) représentant du ministère de l'Agriculture ;

– deux (2) représentants du ministère en charge de la Bonne Gouvernance ;

– un (1) représentant du ministère en charge de l'Environnement ;

– un (1) représentant du ministère en charge de l'Industrie ;

---

158 Article 3 du Règlement intérieur du CN-ITIE.

159 Dans le Code minier c'est l'article 95. Aux termes de l'article 55 du Code pétrolier, les principes et exigences ITIE sont relatifs à la transparence et bonne gouvernance. Ainsi, les titulaires du titre minier d'hydrocarbures doivent faire la transparence dans les paiements qu'ils font à l'État.

160 V. Par exemple Décret n° 2013-887 portant nomination du Président du Comité National de l'ITIE en l'occurrence le Professeur Ismaila Madior Fall.

– quatre (4) représentants du Secteur des industries extractives ;
– deux (2) représentants du Secteur des Hydrocarbures ;
– cinq (5) représentants de la Société civile ;
– un (1) représentant de la presse et des médias ;
– un (1) représentant de l'Association des élus locaux ;
– un (1) représentant de l'Ordre national des experts comptables ;
– un (1) représentant des syndicats de travailleurs.

Encadré : Les principes ITIE

1. Nous partageons la même conviction que l'exploitation prudente des richesses en ressources naturelles devrait constituer un moteur important pour une croissance économique qui contribue au développement durable et à la réduction de la pauvreté mais qui, faute d'une bonne gestion, peut avoir des répercussions défavorables sur le plan économique et social.

2. Nous affirmons que la gestion des richesses issues des ressources naturelles au profit des citoyens d'un pays relève de la compétence des gouvernements souverains, qui l'exercent dans l'intérêt de leur développement national.

3. Nous reconnaissons que les avantages de l'extraction des ressources se manifestent sous la forme de flux de recettes s'étalant sur un grand nombre d'années et peuvent dépendre fortement des prix.

4. Nous reconnaissons que la compréhension du public des revenus et des dépenses des gouvernements sur la durée est susceptible de contribuer au débat public et de faciliter le choix d'options appropriées et réalistes favorisant le développement durable.

5. Nous soulignons l'importance, pour les gouvernements et les entreprises extractives, d'assurer la transparence, ainsi que la nécessité de renforcer la gestion des finances publiques et de faire respecter l'obligation de rendre des comptes.

6. Nous reconnaissons qu'il convient de situer les efforts pour parvenir à une plus grande transparence dans un contexte de respect des contrats et des lois.

7. Nous reconnaissons que la transparence financière est un moyen susceptible de contribuer à l'amélioration du climat pour l'investissement direct intérieur et étranger.

8. Nous croyons au principe et à la pratique de la responsabilité du Gouvernement vis-à-vis de tous les citoyens en ce qui concerne la gestion des flux de revenus et des dépenses publiques.

9. Nous nous engageons à encourager le respect de hauts niveaux de transparence et de responsabilité dans la vie publique, le fonctionnement de l'État et le monde des affaires.

10. Nous croyons à la nécessité d'une approche cohérente et réalisable de la divulgation des paiements et des revenus, cette approche devant être simple à adopter et à appliquer.

11. Nous sommes d'avis que la divulgation des paiements dans un pays donné devrait impliquer toutes les entreprises extractives présentes dans ce pays.

12. Lorsqu'il s'agit de trouver des solutions, nous considérons que toutes les parties prenantes – les gouvernements et leurs entités, les entreprises extractives, les sociétés de service, les organisations multilatérales, les organisations financières, les investisseurs et les organisations non-gouvernementales – ont des contributions importantes et pertinentes à apporter.

Section 2. Le cadre spécial

48. Le cadre spécial concerne les textes relatifs au contenu local ainsi que ses décrets d'application ou de façon générale ses mesures d'effectivité. Nous étudierons donc de manière successive la loi relative au contenu local dans le secteur des hydrocarbures (Paragraphe 1) ainsi que les critères de son effectivité (Paragraphe 2).

Paragraphe 1. La loi sur le contenu local

49. Les opérations pétrolières sont des projets complexes et requièrent de la part des exploitants un savoir-faire technologique considérable[161]. Partant de ce constat, on peut dire que la maîtrise de cette technologie se pose moins concernant les entreprises étrangères que nationales. Il y a en la matière un conflit de logique entre les États hôtes, les exploitants locaux qui souhaiteraient à court ou moyen terme acquérir et maîtriser la technologie, et partant, se passer des entreprises détentrices de celle-ci et lesdites entreprises qui veulent la conserver pour créer et maintenir

[161] LAURIOL Thierry et RAYNAUD Emilie, *Le droit pétrolier et minier en Afrique*, EJA, LGDJ, 2016, p. 437.

une certaine dépendance. La loi relative au contenu local a pour objet de relever le défi de la capacitation technique, économique, technologique des entreprises locales ainsi que celui de la qualification professionnelle de la main-d'œuvre dans toute la chaîne de valeur de l'industrie pétrolière et gazière. Cette main-d'œuvre locale, on la veut qualifiée et compétitive comme précisé dans le rapport de présentation du Décret n° 2020-2047 portant organisation et fonctionnement du comité national de suivi du contenu local dans le secteur des hydrocarbures.

Qu'est-ce que la technologie ? Elle renvoie le plus souvent à la propriété industrielle. Mais il ne faudrait pas négliger les expériences accumulées et la formation de la main-d'œuvre qualifiée[162]. Au-delà du transfert de technologie, l'État a pensé au développement local.

Pour une meilleure appréhension de la loi relative au contenu local dans le secteur des hydrocarbures, nous verrons tour à tour son champ d'application (A), les objectifs qu'elle poursuit (B) et les principes directeurs sur lesquels elle s'adosse (C).

A. Le champ d'application de la loi

50. La loi relative au contenu local dans le secteur des hydrocarbures s'applique aux activités d'une part, et aux personnes, d'autre part.

Ainsi, sont visées les activités de :

– prospection, exploration, développement et exploitation des hydrocarbures ;

– transport et stockage des hydrocarbures ;

– transformation et valorisation des hydrocarbures ainsi que de distribution des produits pétroliers et gaziers.

Il est permis de constater que la loi relative au contenu local n'a procédé à aucune définition des notions susvisées. Ce faisant, nous allons nous référer par exemple à la loi n° 2019-03 du 1er février 2019 portant Code pétrolier pour combler cette lacune. Cependant, le législateur a procédé au classement des activités pétrolières et gazières à l'article 8.4[163]. Au-delà notons que la loi relative au contenu local

[162] LAURIOL Thierry, RAYNAUD Emilie, *op. cit.*, p. 437.

[163] Il existe trois régimes des activités pétrolières et gazières : exclusif (ce sont les activités pour lesquelles l'État du Sénégal se réserve le droit d'octroyer des autorisations de services exclusifs, dans le but de réduire la quantité des biens et services importés. Cependant la qualité du service doit être de mise et les prix encadrés. Ces activités sont exclusivement réservées aux entreprises locales selon le

dans le secteur des hydrocarbures couvre aussi bien le secteur amont qu'aval des opérations pétrolières et gazières[164].

51. Prospecter signifie mener des investigations superficielles et travaux préliminaires de reconnaissance générale destinés à détecter des indices d'existence de gites d'hydrocarbures, notamment par l'utilisation de méthodes géologiques, géophysiques et géothermiques.

L'exploration renvoie aux activités destinées à découvrir et/ou délimiter les gisements commerciaux d'hydrocarbures comprenant notamment, les travaux de prospection, les études géologiques ou géophysiques et les forages d'exploration, de délinéation ou d'appréciation ainsi que l'ensemble des travaux liés à l'abandon des gisements n'ayant pas été exploités et de toutes les installations afférentes aux travaux d'exploration. L'exploitation concerne les activités destinées à l'extraction et au traitement des hydrocarbures à des fins commerciales, comprenant les travaux de production et de traitement des hydrocarbures dans le cadre des réseaux de collecte et de desserte sur la zone d'exploitation ou toute zone adjacente conformément aux dispositions du présent Code et les activités de stockage y afférentes ainsi que l'ensemble des travaux liés à l'abandon des gisements exploités et de toutes les installations y afférentes. Exploiter une ressource naturelle signifie la mettre en valeur, c'est-à-dire la mettre en évidence puis la rendre disponible ; ces opérations nécessitent des phases de prospection, de recherche, de développement et enfin de production/extraction[165].

Quant au développement, il comprend les activités destinées à réaliser des études conceptuelles et d'ingénierie pour évaluer les ressources récupérables, définir le schéma de développement, évaluer la rentabilité du projet et exécuter les travaux.

Décret n° 2020-2065 fixant les modalités de participation des investisseurs sénégalais dans les entreprises intervenant dans les activités pétrolières et gazières et classement des activités de l'amont pétrolier et gazier dans les régimes exclusif, mixte et non exclusif), mixte (Activités nécessitant une association d'une société étrangère avec une entreprise locale. Nous pensons que cette association peut prendre la forme d'un contrat de *joint-venture*), non exclusif (ce régime regroupe les activités à faible potentiel de contenu local).

[164] Article 2 de la loi n° 2019-04 relative au contenu local dans le secteur des hydrocarbures et rapport de présentation du Décret n° 2020-2061 du 27 octobre 2020 fixant les modalités d'application de la loi n° 2019-03 du 1er février 2019 portant Code pétrolier.

[165] TH. LAURIOL, E. RAYNAUD, *Le droit pétrolier et minier en Afrique*, LGDJ, 2016, n°73, p. 58.

52. Concernant les personnes soumises à cette loi, nous pouvons citer tout contractant, sous-traitant, prestataires de services et fournisseur, participant aux activités pétrolières et gazières. Aux termes de l'article 2 de la loi n° 2019-03 du 1er février 2019 portant Code pétrolier, le contractant correspond aux personnes morales signataires d'un contrat pétrolier ainsi qu'à toute personne morale bénéficiaire d'un transfert régulier d'un intérêt participatif dans un contrat pétrolier[166]. On constate donc que les personnes physiques ne peuvent en principe être ni signataires d'un contrat pétrolier, ni se voir transférer régulièrement un intérêt participatif dans celui-ci. Ce propos peut d'ailleurs être corroboré par l'article 61 du Code pétrolier en vertu duquel les titres miniers d'hydrocarbures sont cessibles et transmissibles à des personnes morales possédant les capacités techniques et financières pour mener à bien les opérations pétrolières. Nous pouvons citer également l'article 17 du décret 2020-2061 du 27 octobre 2020 fixant les modalités d'application de la loi n° 2019-03 du 1er février 2019 portant Code pétrolier qui précise le contenu de la demande d'autorisation d'explo-ration d'hydrocarbures notamment la dénomination sociale de la personne morale. Pourtant, une lecture de l'article 6 du Code pétrolier permet d'arriver à une conclusion contraire d'autant qu'une personne physique, y compris le propriétaire du sol peut entreprendre des opérations pétrolières.

Au-delà des contractants, nous avons les sous-traitants[167], prestataires de services et fournisseur[168]. Malheureusement, les différentes activités exercées par ces derniers n'ont pas été définies par le législateur dans les textes relatifs aux activités pétrolières.

La sous-traitance est consacrée à l'article 48 du Décret n° 2014-1212 du 22 septembre 2014 portant Code des marchés publics modifié par le Décret n° 2020-22 du 7 janvier 2020. Ce Code n'ignore pas non plus les notions de fournisseur, prestataire de services. On va certainement emprunter à ce Décret ses différentes définitions non pas en raison du fait que pour l'acquisition des biens et services, des appels à concurrence

---

166 Pour ce genre de transfert, V. L'article 61 du nouveau Code pétrolier.

167 Le titulaire d'un titre minier d'hydrocarbures ou d'une autorisation de prospection peut recourir à des sous-traitants dans le cadre des travaux relatifs aux opérations pétrolières (article 64 du décret d'application du Code pétrolier).

168 Ces trois catégories d'acteurs appelés « investisseurs » doivent au regard de l'article 8.3 créer une entreprise de droit sénégalais immatriculée au RCCM.

peuvent être lancés[169] d'autant que le Code des marchés publics ne s'appliquent pas aux opérations pétrolières[170]. C'est tout simplement pour combler les lacunes des textes réglementant les activités pétrolières et gazières. Il sera également intéressant de consulter le Décret n° 2020-2047 portant organisation et fonctionnement du CNSCL dans le secteur des hydrocarbures qui définit le sous-traitant de rang 1 et de rang 2.

Le sous-traitant de rang 1 est une entreprise ou un *consortium* d'entreprises à qui attribution a été faite par un contractant, d'un contrat de fourniture de biens, de services ou de construction dans le cadre de la réalisation d'un ou plusieurs projets pétroliers ou gaziers dans la République du Sénégal. Le sous-traitant de rang 2 est toute entreprise ou *consortium* d'entreprises à qui attribution a été faite par un sous-traitant de rang 1 d'un contrat de fournitures de biens, de services ou de construction dans le cadre de la réalisation d'un ou de plusieurs projets pétroliers ou gaziers dans la République du Sénégal.

Dans tous les cas, relevons que la phase d'exploration donne lieu par exemple à une intense sous-traitance avec des spécialistes de forages et l'analyse des données géologiques[171].

B- Les objectifs de la loi

53. Le législateur sénégalais demeure conscient que la réalisation des opérations pétrolières et gazières ainsi que la distribution de telles ressources nécessitent :

– de lourds investissements[172] ;

---

[169] Article 8.2 de la loi n° 2019-04 du 1er février 2019 relative au contenu local dans le secteur des hydrocarbures. Les appels à concurrence concernent la fourniture des biens et services.

[170] L'article 5 Décret n° 2020-2061 du 27 octobre 2020 fixant les modalités d'application de la loi n°2019-03 du 1er février 2019 portant Code pétrolier, dispose : « L'attribution d'un bloc par un contrat pétrolier s'opère au moyen d'un appel d'offres ou d'une consultation directe. Ces procédures d'attribution de bloc sont spécifiques au secteur amont des Hydrocarbures et dérogent aux dispositions du Code des Marchés publics. »

[171] Le Lamy Contrats internationaux, *Typologie des contrats extractifs*, lamyline-lamy-fr-s.biblio-dist.ut-capitole.fr, consulté le 03-04-2019, à 22 h 29 mn.

[172] Dans le Décret n° 2020-2065 du 28 octobre 2020 fixant les modalités de participation des investisseurs sénégalais dans les entreprises intervenant dans les activités pétrolières et gazières et classement des activités de l'amont pétrolier et gazier dans les régimes exclusif, mixte et non exclusif, l'expression « investissements conséquents » a emporté la préférence du législateur.

– de nombreux équipements et technologies.

Sans un encadrement, le Sénégal court le risque d'être dépendant des importations en équipements, technologies et services nécessaires aux opérations pétrolières et gazières[173]. Or, suivant le Décret n° 2020-2065 du 28 octobre 2020 fixant les modalités de participation des entreprises sénégalaises dans les activités pétrolières et gazières et classement des activités de l'amont pétrolier et gazier dans les régimes exclusif, mixte et non exclusif : « la pratique internationale en la matière a montré que lesdites importations des biens et services ne constituent pas une valeur ajoutée conséquente dans l'économie locale notamment au niveau des facteurs de producteurs locaux. »[174]

54. Les objectifs de la loi sont visés à l'article 3 de la loi 2019-04 relative au contenu local dans le secteur des hydrocarbures. Il s'agit de développer et promouvoir le contenu local. Ils constituent un triptyque, au-delà de la mise en place d'un mécanisme de suivi-évaluation, transparent et fiable des obligations liées au contenu local, en adéquation avec les politiques publiques nationales, du développement des capacités nationales dans la chaîne de valeur de l'industrie pétrolière et gazière par l'éducation, la formation, le transfert de technologie et de savoir-faire et la recherche-développement, à savoir :

– favoriser le renforcement de la compétitivité nationale et internationale des entreprises sénégalaises, le développement de la main-d'œuvre locale qualifiée et compétitive ;

– augmenter la valeur ajoutée locale et la création d'emplois locaux dans la chaîne de valeur des industries pétrolières et gazières grâce à l'utilisation de l'expertise ainsi que les biens et services locaux ;

– renforcer la participation des populations à la chaîne de valeur des industries pétrolières et gazières.

55. Il faut dire que dès les premières années d'indépendance, l'objectif visé par les législateurs africains étaient d'africaniser le secteur de

[173] Décret n° 2020-2065 fixant les modalités de participation des investisseurs sénégalais dans les entreprises intervenant dans les activités pétrolières et gazières et classement des activités de l'amont pétrolier et gazier dans les régimes exclusif, mixte et non exclusif.

[174] Décret n° 2020-2065 fixant les modalités de participation des investisseurs sénégalais dans les entreprises intervenant dans les activités pétrolières et gazières et classement des activités de l'amont pétrolier et gazier dans les régimes exclusif, mixte et non exclusif.

l'économie moderne. En effet, dans les pays industriels, l'économie a été, d'origine, une économie inspirée, financée et conduite par des nationaux. La question des sociétés étrangères, ou multinationales n'y est apparue que récemment et reste, malgré tout, accessoire[175]. Dans les pays en voie de développement d'Afrique notamment, c'est, au contraire, un problème capital et qui ne pourra être résolu qu'avec le temps, puisque toute l'économie de type moderne y était, au moment des indépendances, étrangère, et qu'il n'y a pas les moyens autochtones en hommes, en argent et en technologie pour prendre le relais[176]. Quel crédit accorder à ce propos, plus de cinquante voire soixante ans après ? Si l'on peut noter çà et là des entreprises cent pour cent africaines, il n'en demeure pas moins vrai que sur le plan de la technologie, l'Afrique reste toujours dépendante de l'Occident ou des Asiatiques. Quoi de plus normal que pareille situation prévale dans le secteur pétrolier et gazier qui requiert pour son développement, technologie et expertise ?

C- Les principes directeurs de la loi

56. En respectant les exigences de la *légistique*[177], la loi relative au contenu local dans le secteur des hydrocarbures consacre des principes directeurs qui sont au nombre de trois : l'équité dans le partage des revenus découlant des activités pétrolières et gazières, le respect des normes et standards internationaux de l'industrie pétrolière et gazière, la non-discrimination, la transparence et le réalisme dans la mise en œuvre des obligations liées au contenu local. C'est à la lumière de ces principes directeurs que le juge interprétera la loi objet de notre commentaire. Ils jouent un rôle fondamental ou normatif à savoir combler les lacunes de la loi dans un droit incomplet et un rôle instrumental qui consiste à assurer le transport des messages qui relient entre eux des systèmes apparemment autonomes[178]. Mais ces principes sont-ils aussi directeurs que cela[179] ? Poser une telle question n'est pas

---

[175] SCHAEFFER Eugène, « Droit économique en Afrique noire francophone », *in Dynamiques et finalité des droits africains*, Economica, 1980, p. 152.

[176] SCHAEFFER Eugène, *Ibid.*

[177] V. sur la question P. A. TOURE, *La légistique, Technique de conception et de rédaction des lois et des actes administratifs : une tradition de gouvernance normative*, L'Harmattan, 2018, 508 pages ; C. BERGEAL, *Rédiger un texte normatif, Manuel de légistique,* Berger Levrault, 7e édition, 2012, 433 pages.

[178] D. ALLAND, S.RIALS, « Principes » , *in Dictionnaire de la culture juridique*, PUF, 2003, p. 1203.

[179] Déjà au sein de la doctrine française en droit processuel, des distinctions sont opérées entre les principes directeurs et les principes généraux ou fondamentaux de

dénué de pertinence dans la mesure où on ne peut dire avec précision à quoi renvoie l'expression « équité »[180]. Ce partage des revenus se fera en tenant compte de la loi sur la répartition des revenus issus de l'exploitation des hydrocarbures ou de façon discrétionnaire, dans l'attente de ladite loi, par l'État puisque c'est lui qui gère la politique pétrolière et gazière. Un contrôle est néanmoins nécessaire. Dans tous les cas, ce principe doit être complété par celui de la transparence. Celle-ci renvoie à l'adhésion aux principes de l'ITIE[181], aux appels à concurrence pour l'octroi des biens et services aux entreprises sénégalaises, à publication des contrats pétroliers.

57. Le législateur sénégalais a fait mieux que son homologue français lors de la réforme du droit des contrats qui a éludé le mot

---

procédure (Ce sont des applications des droits de l'homme généraux ou plutôt des garanties de mise en œuvre des droits de l'homme généraux selon E. JEULAND, *Droit processuel*, LGDJ, 2003, pp. 50-51. Ces principes fondamentaux de la procédure peuvent être des droits de l'homme ou de simples principes directeurs, spéc., 178. Loic CADIET et *alii*, considèrent l'article 6 de la convention européenne des droits de l'homme comme dégageant des principes directeurs du procès communs à tous les procès et à tous les pays d'Europe, pp. 97-98. Pourtant, à la page 203, ils semblent noter une différence entre principes directeurs et principes généraux consacrés par le Conseil d'État ou la Cour de cassation ou bien sur le fondement de l'article 6 de la Convention européenne des droits de l'homme ; L. CADIET *et alii*, *Théorie générale du procès*, 2e édition, PUF, 2010, 997 pages. *Adde* H. CROZE *et alli.*, selon qui, les principes directeurs du procès civil ne doivent pas être confondus avec les principes généraux de procédure civile ou de procédure parmi lesquels on trouve le droit d'accéder à la justice qui est un des aspects du droit à un procès équitable consacré par l'article 6-1 de la Convention européenne des droits de l'homme, ainsi que le principe d'égalité des citoyens devant la Justice. Ces principes relèvent aujourd'hui autant du droit des libertés publiques et des droits fondamentaux que de la simple procédure civile ; H. CROZE et *alii*, *Procédure civile, Manuel pédagogique et pratique*, LITEC, 2001, p. 145.

En matière civile et plus particulièrement en droit des contrats français, l'ordonnance du 10 février 2016 ratifiée le 20 avril 2018 ne parle pas de principes directeurs, mais de principes généraux. V.Y. BUFFELAN-LANORE, V. LARRIBAU-TERNEYRE, *Droit civil, Les obligations*, 15e édition, SIREY, 2017 : 282 ; *Adde*, F. CHENEDE, *Le nouveau droit des obligations et des contrats, consolidations-innovations-perspectives*, Dalloz, 2016, p. 21.21.

[180] PH. JESTAZ, « Les sources du droit : le déplacement d'un pôle à un autre », *RTDCiv*, 1996, p. 299 ; *Adde* C. ALBIGES, « Équité », *Répertoire de droit civil*, octobre 2017.

[181] *Extractive Industries Transparency* ou Initiative pour la transparence dans les industries extractives.

« principes » et consacré des dispositions liminaires dans l'ordonnance du 10 février 2016[182].

Paragraphe 2. L'effectivité de la loi

58. L'effectivité d'une loi s'apprécie à travers sa réception par ses destinataires et partant son application[183]. Elle suppose également bien définies des obligations (A) dont le respect est assuré par des organes institutionnels (B). Au-delà, remarquons que le législateur s'est préoccupé de la place du secteur privé dans les activités en amont et même de la dévolution des emplois non qualifiés (C)

A- Les obligations

59. Nous avons deux catégories d'obligations : les obligations des contractants, sous-traitants, prestataires de services et fournisseurs d'une part, et les obligations du Comité national de Suivi du Contenu local, d'autre part. Au rang des obligations des contractants, sous-traitants, fournisseurs et prestataires de services, on dénombre des obligations communes et une obligation spécifique.

60. Les obligations communes sont l'établissement d'un plan de contenu local[184], l'emploi prioritaire du personnel sénégalais[185] ainsi que le recours prioritaire aux services intellectuels, aux opérations financières, la contribution à la réalisation des objectifs du plan stratégique de transfert de technologie, de compétence et de recherche-développement. En raison de l'application immédiate de la loi à toutes les activités pétrolières et gazières conduites sur le territoire de la

---

[182] V. PERES Cécile, « Observations sur « l'absence » de principes directeurs à la lumière du projet d'ordonnance portant réforme du droit des contrats, *RDC* 2015, n° 03, p. 647.

[183] V. Par exemple LEROY Yann, « L'effectivité du droit », *Droit et Société*, 2011/3, n° 79, pp. 715-732.

[184] Le contenu du plan local est prévu à l'article 6 de la loi relative au contenu local. Le plan est traité dans un délai maximal de 90 jours à compter de sa réception par le CNSCL (article 20) du décret instituant le CNSCL. Au plus tard à la fin du premier semestre, les entreprises soumettent un plan de passation des marchés. Le plan est publié sur la plateforme de mise en relation.

[185] Remarquons que cette priorité ne concerne que les emplois qualifiés et visent les rapports entre entreprises sénégalaises et étrangères vu que ceux qui ne le sont pas vont automatiquement être attribués et de façon prioritaire aux résidents des communautés locales ou de celles avoisinants les lieux où se déroulent les activités pétrolières et gazières. Cette deuxième catégorie de rapports ne présente pas forcément d'élément d'extranéité.

République du Sénégal, les entreprises participant aux activités pétrolières et gazières peuvent solliciter du CNSCL l'octroi d'un délai maximal de douze (12) mois pour se mettre en conformité avec les dispositions de celle-ci. Comment comprendre cette disposition ? En réalité, le verbe « pouvoir » utilisé à l'article 14 peut renvoyer à deux situations. D'abord, celle où une entreprise est en règle avec la loi et partant ne sent pas la nécessité de se conformer ; ensuite, la situation où l'entreprise n'est pas en règle et dans ce cas, le verbe « pouvoir » se transformera en « devoir » ou « obligation ».

61. L'obligation spécifique est celle de l'investisseur désirant intervenir comme sous-traitant, prestataire de services ou fournisseur. Elle consiste en la création d'une entreprise de droit sénégalais immatriculée auprès du Registre du Commerce et Crédit Mobilier (RCCM). En effet, l'obligation à la charge de l'exploitant étranger d'élire domicile sur le territoire de l'État d'accueil pourra se traduire dans les faits par la création d'une société de droit local ou encore par la création d'une succursale[186]. Ici, cette société doit être soumise au droit OHADA au regard des articles 1er et 3[187] de l'Acte uniforme relatif au droit des sociétés commerciales et GIE. Il peut donc s'agir d'une société commerciale par la forme[188] ou par l'objet[189]. Le capital de la société de droit sénégalais créée par l'investisseur est ouvert aux investisseurs sénégalais selon les modalités fixées par décret. C'est tout l'intérêt du Décret n° 2020-2065 fixant les modalités de participation des entreprises sénégalaises dans les activités pétrolières et gazières et classement des activités de l'amont pétrolier et gazier dans les régimes exclusif, mixte et non exclusif.

---

186 TH. LAURIOL, E. RAYNAUD, *Le droit pétrolier et minier en Afrique*, LGDJ, 2016, p. 179, n° 322.

187 Toutes personnes, quelle que soit leur nationalité, désirant exercer en société, une activité commerciale sur le territoire de l'un des États parties, doivent choisir l'une des formes qui convient à l'activité envisagée, parmi celles prévues par le présent Acte uniforme.

188 Il s'agit des SNC, SCS, SARL, SAS et SA.

189 Plus particulièrement d'une société en participation. La référence à cette société se justifie par le fait que le législateur de l'OHADA, à l'article 3 précité ne parle pas de sociétés commerciales par la forme, auquel cas on se serait limité aux sociétés visées par l'article 6 ; mais d'une des formes qui convient à l'activité envisagée. Or, ce n'est pas parce que les associés ont décidé de ne pas immatriculer leur société que la société en participation n'est pas une forme de sociétés.

62. L'investisseur en question visé plus haut est non seulement un investisseur sénégalais, mais également différent de celui du capital-risque. Nous pensons aux entreprises d'investissement à capital-fixe qui sont soit des entreprises de capital-risque, soit des entreprises d'investissement en fonds propres. Leurs modalités d'intervention sont régis par la loi uniforme n° 04/2007 relative aux entreprises d'investissement à capital fixe, mais également l'Acte uniforme relatif au droit des sociétés commerciales et GIE à travers des mécanismes de financement tels que l'appel public à l'épargne, l'augmentation de capital, les actions de préférence, les valeurs mobilières composées. Ces trois derniers mécanismes pourront bel et bien être formalisés dans un pacte d'actionnaires. La loi n° 2019-04 du 1er février 2019 relative au contenu local dans le secteur des hydrocarbures entend par investisseurs les sous-traitants, les prestataires et les fournisseurs. C'est la même position qui est adoptée dans le Décret n° 2020-2065 fixant les modalités de participation des entreprises sénégalaises dans les activités pétrolières et gazières et classement des activités de l'amont pétrolier et gazier dans les régimes exclusif, mixte et non exclusif.

63. Enfin, remarquons que les entreprises de droit sénégalais doivent effectuer la déclaration relative aux bénéficiaires effectifs[190].

B- Les institutions

64. Il s'agit du CNSCL (1) et du FADCL (2).

1. Le CNSCL

65. Le Comité national de suivi du contenu local a été institué par le Décret n° 2020-2047 du 21 octobre 2020 portant organisation et fonctionnement du Comité national de suivi du contenu local. Il est précisé dans le rapport de présentation dudit Décret que le CNSCL est « le point névralgique » d'une mise en œuvre efficace et effective de la politique de contenu local élaborée par l'État dont l'objectif est d'atteindre 50 % de contenu local en 2030. Nous examinerons tour à tour le rôle du CNSCL (a), les obligations des personnes impliquées dans les activités pétrolières et gazières (b) et enfin les sanctions pesant sur ces dernières (c).

---

[190] Article 3 du décret n° 2020-2065 fixant les modalités de participation des entreprises sénégalaises dans les activités pétrolières et gazières et classement des activités de l'amont pétrolier et gazier dans les régimes exclusif, mixte et non exclusif.

a- Le rôle du CNSCL

66. Aux termes de l'article 5 de la loi n° 2019-04 relative au contenu local dans le secteur des hydrocarbures, il est institué un Comité national de suivi du contenu local chargé de coordonner l'élaboration du document de stratégie du contenu local qui définit les modalités d'exécution des orientations de l'État en la matière.

Le Comité national de suivi du contenu local est composé d'un :

– organe de pilotage présidé par le Secrétariat permanent du COS-PETROGAZ ;

– secrétariat technique sous la tutelle du ministère en charge des Hydrocarbures.

Relevons également que le comité est composé de quinze membres :

– les membres qui représentent l'administration publique[191] ;

– les membres représentant le secteur privé national et des entreprises du secteur des hydrocarbures[192] ;

– deux représentants des organisations de la société civile et des organisations syndicales.

67. Une fois la composition du Comité national de suivi du contenu local précisé, il n'est pas inintéressant, et sans prétendre à l'exhaustivité, de mettre en évidence les missions de celui-ci. Ainsi, en qualité d'organe de pilotage, le comité élabore des lignes directrices obligatoires relatives au contenu local ayant trait aux emplois locaux, à l'utilisation de biens et services locaux[193], s'assure du respect de l'intégralité des mesures auxquelles sont assujetties les entreprises intervenant directement ou indirectement dans le secteur des hydrocarbures, coordonne l'élaboration du document de stratégie du contenu local, définit les

---

[191] Le Directeur général du secteur financier et de la compétitivité, le Directeur des hydrocarbures, le Directeur des stratégies de développement industriel, le Directeur des PME, le Directeur de la formation professionnelle et technique, le Directeur en charge du Secteur privé et le Directeur de l'INPG.

[192] Le Directeur général de PETROSEN E et P, deux représentants des compagnies pétrolières/ sous-traitants de rang 1 de l'amont et de l'aval et deux représentants des organisations patronales.

[193] Les biens (biens fabriqués, assemblés entièrement ou en partie et à hauteur de 50 % en République du Sénégal) et services locaux (prestation fournie par une personne physique de nationalité sénégalaise ou une entreprise locale) ont été définis à l'article 4 du Décret n° 2020-2047 portant organisation et fonctionnement du Comité national de suivi du contenu local dans le secteur des hydrocarbures.

modalités d'exécution des orientations de l'État du Sénégal. De même, le CNSCL est chargé de :

– approuver le document de stratégie du contenu local soumis par le Secrétariat technique ;

– superviser et veiller à la bonne mise en œuvre de la stratégie de développement du contenu local ;

– faire des recommandations au Gouvernement dans la formulation des politiques et stratégies du contenu local ;

– évaluer les plans de contenu local soumis par les contractants, sous-traitants, prestataires de service et fournisseurs et émettre un avis relatif à leur conformité aux objectifs de contenu local ;

– commanditer des audits approfondis des capacités locales afin d'évaluer le niveau de fourniture de biens, de services et main-d'œuvre possible localement ;

– approuver les indicateurs de performance du contenu local au niveau national ;

– approuver les décisions d'amélioration nécessaires pour assurer l'efficacité des mesures de contenu local ;

– approuver le recours à des employés étrangers sous réserve de l'approbation du ministre en charge du Travail et du ministre en charge des Hydrocarbures ;

– fixer les exigences requises dans l'obligation de formation du personnel sénégalais ;

– adopter les propositions de révisions périodiques de la classification des entreprises par régime ;

– approuver le Plan de succession soumis par tout contractant, fournisseur, sous-traitant et prestataires de services ;

– approuver la révision du taux de participation des entreprises sénégalaises au capital des sociétés intervenant dans le régime mixte ;

– adopter selon le niveau de maturité du secteur et des capacités locales, les propositions de révision des exigences minimales en matière de contenu local ;

– examiner et adopter les rapports que lui soumet le Secrétariat technique ;

– exécuter toute mission confiée par les autorités entrant dans le cadre du contenu local.

Au-delà, le CNSCL précise les exigences de contenu local que sont tenues de respecter les entreprises assujetties à travers des lignes directrices détaillées. C'est dans ces lignes directrices que le contenu, le format et le mode de soumission du plan de contenu sont également définis[194]. Il en est de même du guichet unique créé au niveau de la plateforme de mise en relation pour faciliter la capacitation du secteur privé national. L'article 19 du Décret n° 2020-2047 portant organisation et fonctionnement du Comité national de suivi de contenu local dans le secteur des hydrocarbures doit être lu en relation avec les articles 7 et 9 de la loi n° 2019-04 du 1er février 2019 relative au contenu local dans le secteur des hydrocarbures.

b- Les obligations des personnes impliquées dans les activités pétrolières et gazières

68. Il s'agit selon l'article 6 de la loi sur le contenu local des contractants, sous-traitants, prestataires de services et fournisseurs. L'article 18 du Décret n° 2020-2047 portant organisation et fonctionnement du CNSCL est-il mal rédigé en parlant de « prestataire de service de rang 1 et 2 » au lieu de sous-traitant de rang 1 et 2 ? Tout porte à le croire dans la mesure où la seule définition donnée est celle de « sous-traitant de rang 1 et 2 ». La catégorie mentionnée à l'article 18 précité ne figure pas non plus à l'article 6 alinéa 1er de la loi n° 2019-04 du 1er février 2019 relative au contenu local dans le secteur des hydrocarbures. Dans tous les cas, les obligations des acteurs précités sont la soumission au CNSCL d'un plan de contenu local[195], d'un plan de passation des marchés à la fin du premier semestre[196], l'élaboration d'un rapport d'exécution du plan de contenu local à la fin de chaque année civile soumis au Secrétariat technique[197], la soumission pour approbation, d'un plan de succession au CNSCL lorsque les personnes impliquées étrangères (contractant, sous-traitant, prestataire de services ou fournisseur étranger) sont titulaires d'un poste national pourvu par un appel d'offres international[198]. Pour rappel, dans le cadre d'un appel d'offres national, une entreprise locale ne saurait être écartée sur le principe de « l'offre la plus avantageuse » si son prix n'excède pas de

[194] Article 19 du Décret n°2020-2047 portant organisation et fonctionnement du Comité national de suivi du contenu local dans le secteur des hydrocarbures.
[195] Article 18 et 31.
[196] Article 21.
[197] Article 25. Il s'agit ici d'un contrôle *a posteriori.*
[198] Article 28.

plus de 10 % celui de l'offre la plus basse. De même, dans tout projet pétrolier ou gazier, le personnel sénégalais bénéficie de la priorité exclusive à l'octroi d'emplois locaux et à la formation.

69. Le législateur a réglementé le contenu du plan de contenu local soumis par tout contractant, sous-traitant, prestataire de services ou fournisseur au CNSCL. Il s'agit du plan de formation du personnel sénégalais dont les modalités et exigences sont fixées dans le document de stratégie de contenu local élaboré par le Secrétariat technique du CNSCL. Cependant, l'article 6 de la loi n° 2019-04 du 1er février 2019 relative au contenu local dans le secteur des hydrocarbures est plus détaillé. Ainsi, le plan de contenu local, mis à jour chaque année, contient au moins les axes suivants :

– promotion du capital et des entreprises sénégalaises, de l'emploi et de la formation ;

– promotion et utilisation des biens et services locaux ;

– transfert de technologie et de savoir-faire ;

– promotion de la recherche-développement ;

– promotion de la prestation de services intellectuels nationaux.

Ainsi, le plan du contenu local contient notamment :

– un rapport détaillant les réalisations de l'entreprise selon les axes précités au cours des douze (12) derniers mois ;

– un descriptif des prévisions et justifiant les efforts financiers et techniques consentis par l'entreprise pour diminuer graduellement le recours à du personnel, du capital, de la technologie, des biens, des services ou des prestations ne provenant pas du Sénégal, si besoin est.

On peut également citer l'article 7 alinéas 3, 4 et 9 de la loi n° 2019-04 du 1er février 2019 relative au contenu local dans le secteur des hydrocarbures.

Le législateur sénégalais a également réglementé le contenu tant au plan de passation des marchés[199] que de celui de succession[200].

---

[199] Article 21. Ce plan est publié sur la plateforme de mise en relation.

[200] Article 28. Le plan de succession définit la durée maximale dans laquelle le contractant, sous-traitant, prestataire de services ou fournisseur est accompagné par des employés sénégalais qui bénéficient d'une formation pour acquérir le niveau de compétence requis aux fins de remplacer graduellement les employés non-nationaux. Au-delà de la durée maximale, le poste est occupé par un Sénégalais.

70. Les marchés qui font l'objet d'un contrôle *a priori* par le Secrétariat technique du CNSCL sont ceux visés à l'article 23 du Décret 2020-2047 du 21 octobre 2020 portant organisation et fonctionnement du Comité national de suivi du contenu local dans le secteur des hydrocarbures. Il s'agit des marchés ne faisant pas l'objet d'une mise en concurrence, notamment par le biais de la plateforme de mise en relation, d'une sélection de marchés définie sur la base du plan de passation de marchés soumis par les entreprises. Dans la première hypothèse, avant d'initier la procédure menant à la fourniture des biens et services, il faut une approbation du CNSCL. Dans la seconde hypothèse, une note de procédure interne du Secrétariat technique du CNSCL précise les critères de sélection.

71. Tous les marchés entrant dans le cadre d'un projet pétrolier et gazier font l'objet d'une publicité par le contractant, fournisseur, sous-traitant, prestataire de service sur la plateforme électronique de mise en relation, sauf autorisation préalable du CNSCL. Il en est de même de tous les appels d'offres relatifs aux activités pétrolières et gazières. Cette plateforme permet l'accès aux informations relatives :

– aux plans de passation de marchés et aux exigences du secteur en termes de standards de qualité de produit/prestation, de sécurité, de santé et d'environnement à destination du secteur privé national désireux de s'impliquer dans les activités du secteur, ainsi qu'aux opportunités sous la forme d'appel d'offres d'une part ;

– à une base de données de fournisseurs dont les entreprises sont dûment établies en République du Sénégal et de compétences locales, à destination des entreprises évoluant dans les activités du secteur pétrolier et gazier et souhaitant recourir à des sous-traitants d'autre part ;

– l'évaluation de la mise en œuvre des directives relatives à la promotion du contenu local ;

– la garantie de la transparence dans tous les appels d'offres du secteur pétrolier et gazier ;

– la dématérialisation des procédures relatives au suivi de la mise en œuvre de la politique de contenu local ;

– l'accès aux recours et sanctions conformément aux articles 38 et 41 du présent décret

La mise en place, la supervision, gestion et suivi de la plateforme électronique sont assurés par le Secrétariat technique du CNSCL.

c- Les sanctions pesant sur les personnes impliquées

72. Les sanctions sont motivées par la commission de faits répréhensibles prévus à l'article 38 du Décret n° 2020-2047 portant organisation et fonctionnement du Comité national de suivi du contenu local dans le secteur des hydrocarbures. En outre, il y a la violation par les fournisseurs de rang 1 et 2 des obligations liées aux exigences de contenu local. Assimile-t-on le fournisseur de rang 1 et 2 au sous-traitant de la même catégorie ?

Dans tous les cas, sont considérés comme faits répréhensibles :

– soumission d'un plan de contenu local, d'un plan de passation de marchés, d'un rapport d'exécution ou de tout autre document présentant des informations erronées ou reposant sur de fausses déclarations ;

– la représentation de manière frauduleuse par toute personne de nationalité sénégalaise, des intérêts étrangers dans le but de satisfaire les exigences de contenu local quant à la constitution d'une entreprise locale ;

– la publication sur la plateforme électronique de mise en relation sans autorisation préalable du CNSCL d'un marché d'activité entrant dans le cadre d'un ou de plusieurs projets pétroliers ou gaziers par tout contractant, fournisseur, sous-traitant, prestataire de service ;

– toute violation des exigences de contenu local non-justifiée ou ne faisant pas l'objet d'une autorisation préalable du CNSCL ;

– toute violation des exigences de la classification ne faisant pas l'objet d'une autorisation préalable du CNSCL.

Les sanctions suivantes sont prévues lorsque les fournisseurs de rang 1 et 2 violent les obligations liées aux exigences du contenu local :

– une amende pouvant aller d'un million à 20 millions de dollars US ;

– une exclusion temporaire ou totale de la plateforme électronique de mise en relation ;

– une interdiction totale de conclure des marchés portant sur les activités pétrolières et gazières ;

– la non-récupération par le Contractant des coûts pétroliers des activités concernées ;

– la résiliation de plein droit du contrat.

C'est le secrétariat technique du CNSCL qui examine les cas de non-respect des obligations liées aux exigences du contenu local ? Il soumet pour approbation ses recommandations au Comité. C'est également le secrétariat technique qui met en œuvre les sanctions validées par le CNSCL.

73. Les marchés attribués par le donneur d'ordre peuvent faire l'objet d'une contestation. Auprès du CNSCL, est instituée une commission de règlement amiable des différends chargée de recevoir, d'enregistrer et d'examiner les réclamations et recours dans le cadre de l'attribution des marchés par les donneurs d'ordre. La Commission statue en dernier ressort et ses décisions sont exécutoires et ont force contraignante sur les parties.

2. Le FADCL

74. Il est institué par le Décret n° 2020-2048 du 21 octobre 2020 fixant les modalités d'alimentation et de fonction du FADCL en application de l'article 13 de la loi n° 2019-04 du 1er février 2019 relative au Contenu local dans le secteur des hydrocarbures. Le Décret précité est abrogé par le Décret n° 2021-248 fixant les modalités d'alimentation et de fonctionnement du fonds d'appui au développement du contenu local. Nous étudierons trois idées :

– Les raisons de la mise en place du fonds

– L'organisation du fonds

– L'éligibilité au fonds.

a- Les raisons de la mise en place du fonds

75. On parle aussi de « missions » du fonds. Ainsi, le fonds d'appui au développement du contenu local a pour objet de soutenir durablement le renforcement des capacités techniques et financières des entreprises locales en vue d'assurer leur mise à niveau pour répondre aux normes internationales exigées en la matière, de permettre aux entreprises locales de faire face à une forte concurrence dans les activités pétrolières et gazières afin d'atteindre en 2030 l'objectif de 50 % du contenu local fixé par l'État du Sénégal.

L'article 2 du Décret n° 2021-248 liste les missions du fonds. Le fonds est ainsi chargé de :

– contribuer à la mise à disposition de personnels qualifiés ;

– contribuer à la capacitation des acteurs en charge du suivi de la mise en œuvre de la politique du contenu local ;

– soutenir la formation des acteurs du secteur des hydrocarbures ;

– définir, en relation avec les organismes étatiques de financement ainsi que toutes autres institutions financières, des outils sur mesure pour les entrepreneurs évoluant dans le secteur pétrolier et gazier ;

– soutenir les actions de promotion du Contenu local ;

– soutenir la communication relative à la politique de Contenu local ;

– concourir au financement des acteurs du secteur.

b- L'organisation du fonds

76. Le fonds comporte deux organes : le conseil d'administration, organe de contrôle, de supervision et de suivi des activités du fonds[201], l'administrateur à savoir le Secrétaire technique du Comité national de suivi du Contenu local, l'organe exécutif. Depuis le Décret n° 2021-248 du 22 février 2021 fixant les modalités d'alimentation et de fonctionnement du FADCL, le Secrétariat technique du CNSCL est l'administrateur du Fonds[202]. Ce n'est plus le représentant du ministère en charge des Finances. Comme précisé dans le rapport de présentation du Décret précité, c'est pour assurer : « une meilleure cohérence entre le Comité national de suivi du Contenu local chargé de définir la stratégie de Contenu local et d'en assurer le suivi, et le Fonds d'appui. »

c- L'éligibilité au fonds

Ce sont les entreprises locales[203] évoluant dans une activité du secteur pétrolier et gazier, les personnes physiques de nationalité sénégalaise qui exercent une activité dans le secteur précité qui sont éligibles au fonds d'appui au développement du contenu local. Les statuts et les

---

[201] Il comprend huit (8) membres. On pourrait se poser la question de savoir pourquoi seul le Directeur Général de PETROSEN E et P est membre du Conseil d'administration et non celui de PETROSEN *Trading* alors que la loi n° 98-31 du 14 avril 1998 régissant le secteur aval pétrolier et gazier a été un des textes de référence visé par le Décret n°2021-248 du 22 février 2021 fixant les modalités d'alimentation et de fonctionnement du FADCL. Cette exclusion est à notre avis pas cohérente car laissant penser que le contenu local ainsi que le fonds permettant « la prise en charge de la mise en œuvre de la stratégie de contenu local » ne concernent que l'amont pétrolier et gazier.

[202] Article 3.

[203] Entreprises dont le capital est détenu à hauteur de 51 % au minimum par des personnes physiques sénégalaises ou des personnes morales contrôlées par des Sénégalais ; des sociétés dirigées à plus de 80 % par des sénégalais, des sociétés où travaillent au moins 51 % de Sénégalais.

critères d'éligibilité au fonds sont fixés par arrêté du ministre en charge des Hydrocarbures[204].

C- La fixation des modalités de participation des investisseurs sénégalais dans les entreprises intervenant dans les activités pétrolières et gazières et classement des activités de l'amont pétrolier et gazier dans les régimes exclusifs, mixte et non exclusif

77. C'est le Décret 2020-2065 du 28 octobre 2020 (dans le rapport de présentation, il est dit que le Décret précité est un[205] Décret d'application de la loi relative au contenu local dans le secteur des hydrocarbures) modifié par le Décret 2021-249 du 22 février 2021 qui fixe les modalités de participation des investisseurs sénégalais dans les entreprises intervenant dans les activités pétrolières et gazières[206]. Ledit Décret n° 2020-2065 du 28 octobre 2020 s'applique aux entreprises locales[207], étrangères[208], aux entreprises de droit sénégalais c'est-à-dire aux investisseurs étrangers immatriculées au RCCM[209], aux résidents des communautés locales ou celles avoisinant les lieux où se déroulent les activités pétrolières et gazières[210]. Son objectif est double :

– fixer les modalités de participation des investisseurs sénégalais dans les entreprises intervenant dans les activités pétrolières et gazières ;

– établir le classement de ces activités dans les régimes exclusif, mixte et non exclusif[211].

C'est cette logique qui sera suivie dans les développements ci-après.

---

[204] Article 10 du décret n° 2021-248 du 22 février 2021 fixant les modalités d'alimentation et de fonctionnement du FADCL.

[205] Il n'est pas le seul vu que l'on peut citer le décret instituant le fonds d'appui au développement du contenu local.

[206] C'est l'article 11 du décret n° 2020-2065 du 28 octobre 2020 qui a été modifié afin d'annexer un tableau de classification des activités par régime.

[207] Article 4.

[208] Article 3, 5.

[209] Article 3. Il s'agit des sous-traitant, prestataire de service ou fournisseur dans les activités de l'amont pétrolier et gazier. Cet article 3 est pris en application de l'article 8.3 de la loi n° 2019-04 relative au contenu local dans le secteur des hydrocarbures.

[210] Article 10.

[211] Après avoir défini les différents régimes (exclusif, mixte et non exclusif), l'article 8.4 de la loi n° 2019-04 du 1er février 2019 relative au contenu local dans le secteur des hydrocarbures dispose que : « le classement des activités pétrolières et gazières dans ces régimes est établi par décret. »

1. La participation des investisseurs sénégalais dans le capital des entreprises de droit sénégalais

78. Elle est définie selon le régime de l'activité en question. Cependant, sans constituer une société de droit sénégalais, les entreprises étrangères peuvent intervenir en qualité de sous-traitants, prestataires de services ou fournisseurs si toutes les activités de l'entreprise au Sénégal sont classées dans le régime non-exclusif ; les prestations de l'entreprise se déroulent sur une durée cumulée inférieure ou égale à douze (12) mois sur les deux dernières années calendaires.

2. Participation dans le capital social des sociétés dont les activités sont classées en régime exclusif

79. Le capital social des sociétés dont les activités sont classées en régime exclusif est détenu à hauteur de 51 % au minimum par des personnes physiques de nationalité sénégalaise ou des personnes morales contrôlées par des personnes physiques de national sénégalaise. Sa direction est assurée à plus de 80 % par des personnes physiques de nationalité sénégalaise. Le personnel travaillant dans ces entreprises est composé de personnes physiques de nationalité sénégalaise à hauteur de 51 % au minimum. Les entreprises répondant à ces critères sont qualifiées d'entreprises locales.

Pour réduire l'importation des biens et services disponibles localement, conformément à l'esprit de la loi de 2019 relative au contenu local dans le secteur des hydrocarbures, les entreprises locales peuvent participer aux appels d'offres relatifs à une activité classée dans le régime exclusif.

Il appartient à l'État d'identifier des activités ou des services pour lesquelles il va attribuer des autorisations d'exploitation économique exclusive à des entreprises ou associations d'entreprises identifiées. Cependant, les entreprises ou associations d'entreprises identifiées doivent garantir la qualité du service. De même, les prix doivent faire l'objet d'un encadrement. La décision d'autoriser l'exploitation économique exclusive doit être motivée par des objectifs économiques et stratégiques dans le but de garantir l'intérêt général. Elle est conférée par décret, après avis du CNSCL.

3. Participation au capital social des sociétés intervenant dans le régime mixte

80. Le régime mixte renvoie à toute activité liée directement ou indirectement aux opérations pétrolières et gazières et exigeant un niveau élevé de connaissances spécialisées et de capitaux[212]. C'est pourquoi, le législateur sénégalais exige que les entreprises étrangères souhaitant évoluer dans une activité classée dans le régime mixte constituent une association sous forme de société de droit sénégalais conformément à l'alinéa 3 de l'article 8.4 de la loi n° 2019-04 du 1er février 2019 relative au contenu local dans le secteur des hydrocarbures[213]. C'est le CNSCL qui encadre, par une ligne directrice, les modalités de constitution de l'association. Dans le capital de l'association ainsi créée entre l'entreprise locale et l'entreprise étrangère, la première entreprise doit détenir au moins 5 %. En fonction de la révision périodique du tableau de classification des activités dans le régime exclusif et mixte, le taux de participation des entreprises sénégalaises au capital des sociétés intervenant dans le régime mixte est révisé par le CNSCL.

81. Quelques précisions méritent d'être apportées. D'abord, par « association », il faut entendre une société commerciale et partant une *joint-venture* sociétaire. Ensuite, dans le régime mixte, l'entreprise locale détiendra difficilement la majorité des actions même si le taux de participation minimale de 5 % est révisable par le CNSCL en fonction de la révision périodique du tableau de classification des activités dans les régimes exclusif et mixte.

Pour rappel, la société étrangère qui intervient dans le régime mixte est soumise aux obligations de transfert de compétences, de technologies et de savoir-faire conformément aux conditions et modalités décrites par le Comité national de Suivi du Contenu local (CNSCL)[214].

Quant aux contractants, sous-traitants, prestataires de services et fournisseurs, ils doivent employer en priorité le personnel sénégalais si celui-ci dispose des compétences requises pour les activités relevant de cette catégorie.

---

[212] Article 8 du Décret 2020-2065 du 28 octobre 2020 fixant les modalités de participation.

[213] Suivant cette disposition, le régime mixte renvoie aux activités nécessitant une association d'une société étrangère avec une entreprise locale.

[214] Article 8 du Décret 2020-2065 du 28 octobre 2020.

4. La classification des activités

82. Les activités des régimes exclusif et mixte font l'objet d'une classification dans un tableau annexé au Décret n° 2020-2065 fixant les modalités de participation des investisseurs sénégalais dans les entreprises intervenant. Comme rappelé, l'article 11 du Décret précité a été modifié par le Décret n° 2021-249 du 22 février 2021 modifiant le décret n° 2020-2065 du 28 octobre 2020 a été pris en application de l'article 11. Ainsi, les catégories de biens et services ayant fait l'objet d'une classification sont les suivantes :

– services d'ingénierie ;

– achat et approvisionnement de matériaux ;

– fabrication et construction.

– activités de support au forage ;

– activités de support à l'exploration subsurface ;

– activités de support au transport et approvisionnement offshore et à la gestion de déchets ;

– activités de support aux personnes, installations et Hygiène, Sécurité et Environnement (HSE) ;

– systèmes d'information, informatique, communication ;

– activités de support aux opérations et installations marines ;

– services d'inspection, de relevé, d'essai et de certification ;

– expertise et conseil ;

– finance et assurance ;

– activités de maintenance et réparation.

Cette classification ne concerne que les activités pétrolière et gazière amont. De même, le tableau précise les exigences minimales relatives à la composition du personnel et à l'actionnariat du capital social. Les entreprises doivent respecter ces exigences sinon on considérera qu'elles ont commis un fait répréhensible cité par l'article 38 du Décret n° 2020-2047 portant organisation et fonctionnement du CNSCL et ce faisant, seront sanctionnées. La classification des activités est publiée sur la plateforme de mise en relation.

83. Enfin, précisons que les emplois non qualifiés font l'objet d'une attribution en priorité aux résidents des communautés locales ou de celles avoisinant les lieux. Cette attribution est consacrée par l'article 10 du Décret n° 2020-2065 du 28 octobre 2020 et l'article 7 de la loi relative au contenu local.

En quoi consiste les mesures de réalisation des objectifs du plan stratégique de transfert de technologies ? Au regard de l'article 9 de la loi n° 2019 relative au contenu local, il s'agit :

– de la formation ;

– du partenariat sous diverses formes ;

– de la facilitation de l'accès au brevet ;

– de toute autre mesure susceptible de promouvoir le contenu local.

84. Il existe des activités dans lesquelles les entreprises étrangères et locales se font une concurrence puisque celle-ci y est libre. C'est le régime non exclusif en présence duquel le secteur privé national n'est pas en mesure, immédiatement et contrairement au régime exclusif, de réaliser toute activité liée directement ou indirectement aux opérations pétrolières et gazières dans le respect des normes et standards de l'industrie pétrolière.

CHAPITRE 2

LES CONTRATS EXTRACTIFS

85. Les contrats extractifs sont ceux qui portent sur le gaz, pétrole et les mines. Ce peut être un contrat de concession, de *joint-venture* ou co-entreprise, de partage de production ou de service[215]. Leur rédaction variera donc en fonction de leur nature[216]. Dans le présent chapitre, nous examinerons les généralités sur les contrats extractifs d'abord (Section 1) ensuite les contrats pétroliers et gaziers proprement dits (Section 2).

Section 1. Généralités sur les contrats extractifs

Dans cette section, trois éléments seront étudiés :

– la nature des contrats extractifs ;

– les sources des contrats extractifs ;

– les opérations juridiques du secteur extractif.

Paragraphe 1. Nature des contrats extractifs

86. Pour connaître cette nature, commençons par dire ce que n'est pas le contrat pétrolier et gazier (A), avant de le ranger dans la catégorie des contrats d'État (B). C'est dire que le contrat pétrolier et gazier n'est pas un contrat *sui generis*, c'est-à-dire un contrat que les juges renoncent à qualifier[217] certes, mais dont ils façonnent un régime *ad hoc*

---

[215] Lamy Contrats internationaux, n° 361-5.

[216] Ph. LEBOULANGER, *Les contrats entre États et entreprises étrangères*, Paris, Economica, 1985). *Adde* LHUILIER Gilles, « Les revues critiques » des contrats extractifs comme outil de transparence, Le cas du Sénégal, *in La transparence des industries extractives*, Presses universitaires du Québec, 2021, chapitre 7, p. 212.

[217] V. ARANDA Nathanaël, « Le *sui generis*, un paradoxe pour la représentation en droit ? », *in* Les affres de la qualification juridique sous la direction de Marc NICOD, Presses Universitaires de Toulouse 1 Capitole, 2015, pp. 143-160.

en fusionnant certaines règles relatives aux contrats dont il est possible de le rapprocher[218].

A- Ce que n'est pas le contrat extractif

Le contrat pétrolier et gazier n'est ni un contrat de droit commun (1), ni un contrat administratif (2).

1. Le contrat extractif n'est pas un contrat de droit commun

87. Le contrat de droit commun est prévu par le COCC notamment la partie générale issue de la loi n° 63-62 du 10 juillet 1963. S'il est vrai que des principes tels que la liberté contractuelle, la force obligatoire du contrat et l'effet relatif peuvent être invoqués tant dans les contrats pétroliers et gaziers, il ne faudrait cependant pas occulter le fait que ces derniers sont des contrats spéciaux, non soumis à la partie spéciale du COCC au demeurant[219]. Rappelons que le contrat pétrolier et gazier est un contrat d'affaires ou pour reprendre les termes d'un auteur, un contrat d'investissement[220]. Pour information, les différents contrats d'affaires sont les contrats d'agent commercial, de distribution[221], de licences, de *joint-venture*, d'acquisition d'une société (par voie d'achat d'actifs tels que le fonds de commerce ou par voie d'achat d'actions), les pactes d'actionnaires[222], contrats de travail, cautions[223], protocoles transactionnels, mandats, traités d'apports et de fusions. Ils peuvent contenir des engagements de confidentialité ou des clauses d'exclusivité. Très employée dans la vie des affaires et pour certains contrats de travail, la clause de confidentialité vise à préserver ce qu'il est toujours difficile de conserver lorsqu'il est partagé par plus d'une personne : le secret[224]. Dans le *Lamy droit du contrat*, la clause de confidentialité a été présentée comme renforçant le lien entre les parties à côté de la

---

218 VERN Flora, « Les qualifications simultanées en droit civil », *Droits*, 2020/1 n° 71, pp. 199 à 225.

219 La partie spéciale du COCC est réglementée par la loi n° 66-70 du 13 juillet 1966.

220 EBtissam El Kailani-Chariat, *La stabilisation des contrats pétroliers*, Thèse, Paris I, 545 pages.

221 La distribution de produits pétroliers n'est pas une opération pétrolière.

222 Depuis la réforme du droit des sociétés commerciales OHADA intervenu en 2014, les pactes d'actionnaires ont été consacrés à l'article 2-1 AUSCGIE.

223 Suivant l'article 58 du Code pétrolier, les titulaires de contrat pétrolier ainsi que les entreprises qui travaillent pour eux doivent verser le montant du cautionnement dans une institution financière de premier rang pour réhabiliter et restaurer des sites dans les conditions prévues par le contrat pétrolier.

224 VALDELIÈVRE Guillaume, « La clause de confidentialité », Revue Lamy Droit civil, n° 139, 1er juillet 2016.

clause de non-concurrence[225], d'exclusivité et d'agrément. Dans *le Traité OAPI* et plus particulièrement en son Annexe VIII relative à la concurrence déloyale, la divulgation, l'acqui-sition ou l'utilisation par des tiers d'une information confidentielle sans le consentement de la personne légalement habilitée à disposer de cette information ou détenteur légitime et d'une manière contraire aux usages commerciaux honnêtes, constitue un acte de concurrence déloyale. Il arrive qu'à titre confidentiel, des documents, échantillons et informations relatifs aux opérations pétrolières soient fournis au ministre chargé des Hydrocarbures ou à ses représentants. Dans ce cas, ils ne peuvent être rendus publics qu'à l'expiration d'une période fixée dans le contrat pétrolier et après autorisation du ministre chargé des Hydrocarbures[226]. Au Sénégal, les contrats comportant une clause d'exclusivité réciproque ou unilatérale ont fait l'objet d'une réglemen-tation par le décret n° 70-1335 du 7 décembre 1970 réglementant les contrats d'exclusivité de vente ou d'achat.

88. Pour rappel, relevons qu'un contrat en général et un contrat d'affaires en particulier comprend les éléments suivants :

– Les parties

– L'exposé

– Les termes définis

– L'objet

– Le prix

– Le paiement du prix

– Le *closing* ou réalisation

– Les conditions suspensives

– La durée

– Les garanties et indemnisations

– Les engagements

– Les clauses diverses (loi applicable, compétence des tribunaux ou arbitrage, notifications, modifications, cession, etc.)

– Date et signatures.

---

[225] Article L 35 du CTS et 155 de l'AUDCG.

[226] Article 68 du Code pétrolier.

89. Dans un contrat pétrolier et gazier, les parties sont l'État ou la société nationale et l'investisseur. Et suivant le code pétrolier de 2019, le contractant renvoie à des personnes morales signataires d'un contrat pétrolier et à une personne morale bénéficiaire d'un transfert régulier d'un intérêt participatif.

2. Le contrat extractif n'est pas un contrat administratif

90. Les contrats administratifs ne sont pas soumis au COCC (article 1er alinéa 2 Code des obligations de l'administration ou COA[227]) sauf en l'absence de textes spéciaux (article 4 COA). Les critères des contrats administratifs sont :

– l'existence d'une personne morale de droit public, partie à la convention ;

– participation du cocontractant à un service public (délégation de service public, contrat de partenariat) ;

– utilisation de procédé de gestion publique (clause exorbitante de droit commun)[228].

Pour rappel, la délégation de service public (confier au cocontractant de l'administration la gestion d'un service public et le cas échéant, d'ouvrages publics correspondants. À titre d'exemple la concession et la régie intéressée) et le contrat de partenariat sont des contrats administratifs par détermination de la loi. En effet, aux termes de l'article 7 du COA, la qualification de contrat administratif ne peut résulter que d'une disposition expresse de la loi ou du règlement. Ainsi, l'article 10 nouveau issu de la loi n° 2006-16 modifiant la loi n° 65-61 du 19 juillet 1965 portant Code des obligations de l'adminis-tration dispose expressément que les contrats de délégation de service public et de partenariat sont des contrats administratifs. Désormais, le contrat de partenariat public-privé est régi par la loi n° 2021-01 du 22 février 2021 relative aux contrats de Partenariat Public-Privé[229]. C'est dire que les critères précités correspondent au contrat administratif par nature. Selon Honoré Le Leuch, la concession de service public est distincte de

[227] Loi n° 65-61 du 19 juillet 1965 (J.O 1965, p. 945) modifiée par la loi n° 2006-16 du 30 juin 2006.

[228] Comme critère prévu par l'article 15 COA, nous avons la rupture d'égalité au profit d'un contractant.

[229] Dans cette loi, le législateur précise que la concession, l'affermage et la régie intéressée sont des contrats de partenariat public-privé à paiement par les usagers.

la concession minière ou pétrolière et ne peut bénéficier de la théorie de l'imprévision[230].

B- Appartenance des contrats pétroliers et gaziers à la catégorie des contrats d'État et de contrats spéciaux[231]

91. Un auteur[232] a précisé deux critères du contrat d'investissement pétrolier :

– des contractants de nature juridique différente[233] ;

– durée prolongée des contrats[234] ; d'où le risque d'instabilité.

Ces critères proposés renvoient à ceux du contrat d'investissement qui est celui qui a pour objet la réalisation d'un projet d'investissement sur le territoire de l'État d'accueil[235].

Ils mettent en évidence, surtout la durée, l'intérêt des principes directeurs pour des contrats extractifs durables et du débat sur la renégociation[236]. Très souvent, les contrats prévoient des clauses de renégociation traditionnelles (clauses de force majeure, de *hardship* ou de changements de circonstances, d'indexation, d'adaptation) ou propres au secteur extractif (clauses d'expertise en matière de prix, clauses de démantèlement, d'intangibilité par laquelle le contrat ne pourra être modifié que d'un commun accord, les clauses de stabilisation qui visent à assurer l'équilibre économique)[237]. À lire certains

[230] LE LEUCH Honoré, « Analyse économique et renégociation des contrats extractifs », *in* Le contentieux extractif, p. 35.
[231] V. LAURIOL Thierry et RAYNAUD Émilie, « La rupture unilatérale des contrats d'exploitation », in *Le contentieux extractif*, p. 138 et s spécialement note de bas de page 2.
[232] Ebtissam El Kailani-Chariat, *La stabilisation des contrats pétroliers*, Thèse, Paris I, 545 pages. Au-delà de la durée, certains auteurs ajoutent les incertitudes qui pourront exister durant sa vie V. LE LEUCH Honoré, « Analyse économique et renégociation des contrats extractifs », *in Le contentieux extractif*, p. 33.
[233] Il s'agit de l'État, de l'opérateur économique et de l'entreprise publique. Pour Angelier, *le contrat d'exploitation pétrolière* (V. TUELLE-PAMBO Imelda, p. 24).
[234] V. LELOUCHE Honoré, *in Le contentieux extractif*, *op. cit.*, p. 33.
[235] Le Lamy Contrats internationaux, 2017, n° 362-1.
[236] V. KONATE Mamadou, « Le cadre juridique de la renégociation », *in Le contentieux extractif*, p. 41 et s.
[237] LHUILIER Gilles, « Le contentieux extractif, Essai de définition », p. 12.

auteurs, on a l'impression que les clauses de stabilisation s'assimilent aux clauses d'intangibilité[238]. Or, techniquement, tel n'est pas le cas.

92. Les critères d'identification proposés par Ebtissam El Kailani-Chariat s'apprécient en l'absence de définition du contrat pétrolier dans le droit conventionnel. Désormais, dans la loi n° 2019-03 du 1er février 2019 portant Code pétrolier, le contrat pétrolier est défini comme : « accorddevolontéconcluentrel'Étatetlecontractant poureffectuer,àtitre exclusif,desactivitésd'explorationet/oud'exploitationsurunezone d'explorationet/ou une ou plusieurs zones d'exploitation. »

93. Le contrat d'État est selon Meyer, le contrat conclu par l'État comme sujet de droit international[239]. La simplicité de cette définition ne doit pas faire oublier le débat autour de cette catégorie de contrat. Ainsi, le contrat d'État a été perçu tantôt comme un contrat sans loi[240], tantôt comme un contrat soumis au droit national, au droit transnational, un contrat international[241]. Dans l'arrêt Texaco-CALASIATIC contre gouvernement Libyen, il était question de rattachement du contrat de concession à un ordre juridique : la *lex contractus*, le droit transnational, le droit international (non dans l'arrêt Aramco, oui dans la sentence texaco) ? [242]

On aura remarqué que même si nous avons choisi, dans le cadre de cet ouvrage de parler de contrat d'État, la terminologie diffère d'un auteur à un autre, certains préférant parler d'accord d'investissement[243],

---

238 WEILL Prosper, « Les clauses de stabilisation ou d'intangibilité insérées dans les accords de développement économique », www.sfdi.org/wp-content/uploads/2020/04/Weil-P.-Les-clauses-de-stabilisation-ou-dintangibilité-insérées-dans-les-accords-de-développement-économique.pdf, consulté le 02-05-2021, à 12 h 58.

239 Cité par LEBEN Charles, p.1 29 Pierre MAYER, « La neutralisation du pouvoir de l'État en matière de contrat d'État », *JDI*, 1986, pp. 577 et s.

240 V. USUNIER Laurence, « Une jurisprudence constante : le refus du contrat sans loi », *RTD Civ*. 2021, p. 376.

241 PELLET Alain, *Le droit international du développement,* Collection Que sais-je ? PUF, Paris, 1978, p. 59.

242 JONATHAN Gérard Cohen, « L'arbitrage TEXACO-CALASIATIC contre Gouvernement LIBYEN (Sentence au fond du 19 janvier 1977) », *AFDI*, 1977, pp. 456 et s.

243 V. LAVIEC Jean-Pierre, *Protection et promotion des investissements*, Étude de droit international économique Chapitre VII. Les régimes des accords d'investissement, pp. 241-268. Selon l'auteur, « Par un « accord d'investissement », nous entendrons une convention passée entre un État importateur de capital et un investisseur étranger ». *Adde* JUILLARD Patrick, « Les conventions bilatérales d'investissement conclues par la France », *JDI*, 1979, n° 1, pp. 274-325. L'auteur opère une distinction

d'autres d'« accords internationaux d'investissement », d'« accords de développement économique »[244] ou tout simplement de contrats extractifs[245] ou transnationaux[246] appelés aussi contrats de développement et subdivisés en contrats d'investissement et de service.

Dans tous les cas, les contractants incontournables dans un contrat pétrolier et gazier sont le ministère en charge des Hydrocarbures ou autorité compétente (il met en œuvre la politique du Gouvernement en matière d'hydrocarbures) et la société pétrolière nationale (il s'agit de PETROSEN qui peut entreprendre à la demande et pour le compte de l'État des opérations pétrolières seule ou conjointement avec toute autre société, filiale ou non, dans le cadre d'un contrat d'association ou toute forme de groupe possible, détenir des participations de l'État dans les gisements d'hydrocarbures et le capital des sociétés titulaires de contrat pétrolier toujours à la demande et pour le compte de l'État).

94. En revanche, le contrat gazier peut être à la fois un contrat d'État et un contrat spécial. C'est dire que le contrat gazier n'est pas homogène. Il peut s'agir d'un contrat d'achat et de vente de gaz naturel, de concession, licence ou d'un contrat de fourniture. Si le contrat de concession et de licence revêt la nature d'un contrat d'État, tel n'est pas le cas de celui d'achat et de vente et de fourniture.

Une fois la nature des contrats pétrolier et gazier identifiée, il convient de déterminer les sources des contrats extractifs.

---

entre la convention d'investissement et le contrat d'investissement. En effet, si la convention d'investissement est un accord bilatéral qui lie l'État exportateur de capital à celui importateur de capital, le contrat d'investissement est quant à lui conclu entre un État souverain, généralement un État importateur de capital et un individu, personne physique ou personne morale, ressortissant d'un autre État, généralement un État exportateur de capital, en vue de la constitution d'un investissement par cet individu, personne physique ou personne morale, sur le territoire du premier État.

[244] LALIVE Pierre, « Réflexions sur l'État et ses contrats internationaux », Leçon inaugurale, Institut universitaire des hautes Études internationales, Genève 1976, Collection conférences, n° 12, p. 23.

[245] L'utilité de cette appellation tient entre autres à l'existence de nombreux types de contrats liés aux contrats extractifs tels que les contrats de transport, de stockage ou de traitement des substances extraites, les contrats d'achat et de vente de la production, les contrats d'étude, d'ingénierie, de construction ou de service. Ainsi, les contrats extractifs sont les contrats de concession, de partage de production et les contrats de services à risques V. LE LEUCH Honoré, *op. cit.*, p. 40, note de bas de page 1.

[246] PELLET Alain, *Le droit international du développement*, Que sais-je ? PUF, p. 55.

Paragraphe 2. Les sources des contrats extractifs

Successivement nous étudierons les sources des contrats pétroliers (A) et gaziers (Paragraphe B).

A- Les sources des contrats pétroliers

95. Contrairement à ce que l'on pourrait penser, la gestion des ressources naturelles a toujours été une préoccupation du législateur sénégalais. Ainsi, les textes relatifs au domaine pétrolier sont :

– L'ordonnance n° 60-24 MTP du 10 octobre 1960 fixant le régime juridique et fiscal de la recherche, de l'exploitation et du transport des hydrocarbures[247] complétée par les décrets 64-261 du 24 mars 1964 et 64-363 du 20 mai 1964[248] ;

– La loi n° 86-13 du 14 avril 1986 portant Code pétrolier[249]

– La loi n° 98-05 du 8 janvier 1998 portant code pétrolier. Le code pétrolier a apporté d'importantes innovations comparé à la loi n° 86-13 du 14 avril 1986 portant Code pétrolier. Les principales innovations sont :

– le bénéfice d'une période de rétention (8 ans pour le gaz et 3 ans pour le pétrole brut ou hydrocarbures liquides alors que l'opérateur devrait renoncer aux découvertes non commerciales à l'expiration de la période d'exploration) pour les découvertes qui ne sont pas commercialement exploitables ;

– la concession de 25 ans maximum qui peut être prorogée par décret pour une période maximale de 10 ans renouvelable une fois si le titulaire justifie qu'une production commerciale est encore possible à l'expiration de la période initiale, ou le cas échéant à l'expiration de la

---

[247] *JORS*, 15 octobre 1960.

[248] Le Décret n° 64-363 du 20 mai 1964 a été pris en application de l'article 4 de l'ordonnance n° 60-24 MTP du 10 octobre 1960 en vertu duquel le titulaire du permis H (c'est un permis exclusif de recherche qui confère à son titulaire le droit d'exécuter dans son périmètre, tous travaux de prospection et de recherche d'hydrocarbures, de disposer librement des hydrocarbures liquides ou gazeux extraits du sol. Il était accordé pour une période de 5 ans), *JORS*, 13 juin 1964, pp. 728-735.

[249] Les objectifs visés par cette loi c'est la stimulation de l'exploration, favoriser les investissements pétroliers, encourager une mise en valeur rationnelle des ressources en hydrocarbures. *JORS*, 7 juin 1986, pp. 233-242 ; Décret n° 86-571 du 12 mai 1986 fixant les conditions d'application de la loi n° 86-13 du 14 avril 1986 portant Code pétrolier, *JORS*, pp. 242-247 ; Décret n° 86-631 du 24 mai 1986 approuvant une convention-type de recherche et d'exploitation des hydrocarbures, *JORS*, pp. 247-264.

première période de renouvellement (dans la loi de 1986-13 du 14 avril 1986 portant Code pétrolier, l'extension d'une durée maximale de 10 ans est envisageable si le titulaire de la concession justifie qu'une production commerciale est encore possible à l'expiration de la période initiale)[250] ;

– la suppression du *bonus* de signature d'une convention ou d'un contrat de services ;

– renforcement de l'exonération d'impôts, taxes et droits au profit de l'État lors de la recherche et du développement ;

– dispense du timbre douanier et du prélèvement du COSEC lors de l'importation du matériel et autres biens d'équipement destinés à la prospection, recherche et développement des hydrocarbures.

– Loi n° 2019-03 du 1er février 2019 portant Code pétrolier. Dans l'exposé des motifs du code pétrolier de 2019, il a été spécifié qu'en 1998, les budgets d'exploration des compagnies pétrolières étaient réduits. Ce faisant, celles-ci devraient investir dans des pays ayant un potentiel pétrolier prouvé. La loi n° 98-05 du 08 janvier 1998 portant code pétrolier devrait permettre d'attirer les compagnies en question voulant rechercher et exploiter les ressources. Il en est résulté des situations concrètes :

– développement puis exploitation des anciens permis (Thiès/ Sébikotane *onshore*) ;

– financement d'étude pour une meilleure connaissance du système pétrolier offshore.

Des forages ont permis de découvrir en 2014 des hydrocarbures d'où l'intérêt des compagnies pétrolières pour le bassin sédimentaire du Sénégal.

Pourquoi le nouveau Code pétrolier ? Instaurer un équilibre entre l'attractivité, la compétitivité du pays et la sauvegarde, la sécurisation des intérêts économique et financier du peuple sénégalais, instaurer une cohérence entre le code pétrolier, les législations des autres pays ayant du potentiel en hydrocarbures, la Constitution (article 25-1), les meilleures pratiques et usages en vigueur dans l'industrie pétrolière et gazière[251]. Il se caractérise donc par la consolidation des acquis (stimulation de l'exploration, exploitation et développement), l'innovation et

[250] Dans l'ordonnance la durée de la concession était de 50 ans.
[251] Loi n° 2020-06 du 7 février 2020 portant Code gazier.

l'abrogation de la loi n° 98-05 du 08 janvier 1998. Ainsi, on se rend compte que la concession d'exploitation d'hydrocarbures n'est plus un contrat pétrolier auquel on fait recours comme dans la loi de 1998[252]. En effet, grâce à ce contrat, la compagnie pétrolière était propriétaire du produit extrait[253].

B- Les sources des contrats gaziers

96. Elles sont dispersées entre plusieurs textes :

– la loi n° 98-31 du 14 avril 1998 relatif aux activités d'importation, de raffinage, de stockage, de transport et de distribution des hydrocarbures ;

– la loi n° 2019-03 du 1er février 2019 portant Code pétrolier ;

– la loi n° 2019-04 relative au contenu local qui en plus des opérations pétrolières, vise celle gazières ;

– la loi n° 2020-06 du 7 février 2020 portant Code gazier.

En effet, la loi portant Code pétrolier s'applique aux opérations de liquéfaction du gaz naturel[254] qui sont des opérations pétrolières. De même, le chapitre V de la loi n° 2019-03 du 1er février 2019 portant Code pétrolier est relatif tant à la liquéfaction du gaz naturel qu'au transport et stockage des hydrocarbures. Remarquons que si la loi n° 98-31 du 14 avril 1998 relative aux activités d'importation, de raffinage, de stockage, de transport et de distribution des hydrocarbures ne vise que la distribution d'hydrocarbures raffinés[255], celle n ° 2020-06 du 7 février 2020 portant Code gazier traite de la distribution par gazoducs de gaz naturel, la distribution de gaz liquéfié et la distribution de gaz naturel comprimé. Le gaz naturel comprimé et liquéfié est acheminé par voie routière, ferroviaire, fluviale et maritime. La distribution par gazoducs suppose la mise en place de réseaux de distribution aux fins de fourniture à des clients.

---

252 Les concessions d'exploitation n'étaient accordées qu'en cas de découverte commerciale (article 17 de la loi n° 98-05). Aux termes de l'article 25 de cette loi, la concession d'exploitation est accordée par décret.

253 Article 30.

254 Article 1er de la loi n° 2019-03 du 1er février 2019 portant Code pétrolier.

255 Article 14.

Paragraphe 3. Les opérations juridiques du secteur extractif

Nous étudierons successivement les opérations amont du secteur pétrolier et gazier (A) d'une part, et les opérations aval des secteurs précités, d'autre part (B).

A- Les opérations amont du secteur pétrolier et gazier

97. Il s'agit aux termes de l'article 2 du Code pétrolier des activités de prospection, d'exploration, de développement et d'exploitation des hydrocarbures. Ce faisant, le législateur sénégalais exclut les opérations d'évaluation, de stockage, de transport, de commercialisation, de traitement et liquéfaction du gaz naturel qui sont certes, des opérations pétrolières, mais des activités aval au même titre que les opérations de raffinage, de distribution et de commercialisation des produits pétroliers et gaziers.

Elles comportent deux phases :

– La pré-découverte ;

– La découverte de la production commerciale[256].

1. La pré-découverte

98. La « pré-découverte de la production pétrolière commerciale », englobe l'ensemble des activités d'étude, de recherche et d'exploration, jusqu'à la découverte d'une production pétrolière de nature commerciale[257]. Un examen de l'article 2 du code pétrolier de 2019 permet de constater qu'il s'agit des activités amont telles que celles de prospection et d'exploration. La prospection est définie comme des investigations superficielles et travaux préliminaires de reconnaissance générale destinés à détecter des indices d'existence des gites d'hydrocarbures, notamment par l'utilisation de méthodes géologiques, géophysiques et géothermiques. En somme, on peut dire que c'est une technique de repérage des gisements.

L'exploration renvoie aux activités destinées à découvrir et/ou délimiter des gisements commerciaux d'hydrocarbures comprenant les travaux de prospection, des études géologiques ou géophysiques et les forages d'exploration, etc.

---

[256] EL KAILANI-CHARIAT Ebtissam, *La stabilisation des contrats pétroliers, op. cit.*, p. 51.

[257] EL KAILANI-CHARIAT Ebtissam, *La stabilisation des contrats pétroliers, op. cit.*, p. 52.

99. Mais, il n'est pas interdit, au regard de la définition du développement (L'ensemble des activités destinées à réaliser des études conceptuelles et d'ingénierie pour évaluer les ressources récupérables, définir le schéma de développement, évaluer la rentabilité du projet et exécuter les travaux) de penser que celui-ci fait partie de la pré-découverte. À coup sûr, prospecter, explorer constitue un projet. Or, les activités de développement ont, entre autres, pour objet, d'évaluer la rentabilité du projet.

2. La découverte de la production commerciale

100. Elle commence par la découverte de la « production commerciale » et comprend les opérations d'exportation de la production. Pendant cette phase, deux options sont possibles. Dans la première, la société étrangère possède la totalité de la production pétrolière et, en retour, elle a l'obligation de payer certaines rémunérations à l'État ou à son entreprise. Ces rémunérations se présentent sous la forme de « Royalties » et loyers (contrat de la concession). Dans la deuxième, la production est divisée entre les deux parties selon un pourcentage déterminé par le contrat (contrat de partage de production PSA)[258].

La découverte commerciale concerne le titulaire d'une autorisation d'exploration d'hydrocarbures[259]. Avant l'expiration de cette autorisation, ce dernier peut demander à obtenir une autorisation exclusive d'exploitation (la durée initiale maximale de cette autorisation est de vingt ans renouvelable une seule fois pour une période additionnelle de dix ans au plus). L'autorisation d'exploitation provisoire ou exclusive n'est délivrée qu'à une ou plusieurs personnes morales de droit sénégalais.

L'exploitation consiste à extraire et à traiter des hydrocarbures à des fins commerciales. Les activités de production et de traitement sont concernées.

3. L'entreprise des opérations pétrolières

101. Pour entreprendre des opérations pétrolières, il faut bénéficier d'un titre minier d'hydrocarbures octroyé par l'État. Celui-ci peut participer à des opérations pétrolières en s'associant avec les titulaires

---

[258] EL KAILANI-CHARIAT Ebtissam, *La stabilisation des contrats pétroliers, Ibid.*
[259] Voir les articles 23 et s du Code pétrolier de 2019.

du contrat pétrolier ou d'autorisation de prospection[260]. Il peut le faire par l'intermédiaire de la société pétrolière nationale. PETROSEN aura au moins 10 % portés par les autres co-titulaires du titre minier d'hydrocarbures en phase d'exploration et de développement. Elle peut les augmenter en phase de (développement et d'exploitation à 20 %). L'État peut également, par l'intermédiaire d'une ou de plusieurs personnes morales de droit sénégalais ou étranger, effectuer des opérations pétrolières.

Qui peut bénéficier du titre minier d'hydrocarbures ? Ce sont exclusivement les personnes morales qui justifient de capacités techniques et financières requises. Si plusieurs personnes sont co-titulaires d'un contrat pétrolier, elles sont conjointement et solidairement responsables à l'égard de l'État et des tiers. Dans un délai de 21 jours, elles vont soumettre à l'État un exemplaire d'un accord conclu entre elles pour la réalisation des opérations pétrolières dans la zone concernée.

4. La durée des autorisations

La durée de l'autorisation de prospection (utilisation de diverses méthodes, forage ne dépassant pas une profondeur de deux cents mètres) est de deux ans maximum (l'État peut accorder un autre titre ou un contrat pétrolier sur la superficie faisant l'objet d'une autorisation de prospection) ;

– La durée de l'autorisation d'exploration (forage pour rechercher des gisements d'hydrocarbures conformément au contrat pétrolier attaché à ladite autorisation. Le contrat en question peut être un contrat de partage de production dont le contenu est bien prévu à l'article 20) : période initiale qui ne peut excéder 4 ans (renouvellement au plus deux fois pour une durée n'excédant pas trois ans à chaque fois[261]). En effet, aux termes de l'article 20 du Code pétrolier : « Le contrat de partage de

[260] V. Définition de l'accord d'association dans le contrat PETROTIM Limited, PETROSEN et État du Sénégal. Il s'agit d'un accord entre parties contractantes à savoir PETRO-TIM LIMITED et PETROSEN. Le contractant renvoie à ces deux entités ou à des personnes à qui des intérêts ont été cédés. Précisons néanmoins que le contractant peut signifier exclusivement tantôt l'entreprise étrangère, tantôt les deux entités à savoir l'entreprise publique et celle étrangère. De même, si dans le code pétrolier de 1998 cette notion n'a pas été définie, tel n'est pas le cas dans celui de 2019. En effet, dans la définition donnée des contrats de services et de partage de production, le contractant est l'entreprise étrangère. Or, toujours dans le Code en question, le contractant correspond aux personnes morales signataires d'un contrat pétrolier.

[261] Pour cette précision, voir l'article 32 du Décret n° 2020-2061 du 27 octobre 2020 fixant les modalités d'application du Code pétrolier.

production, attaché à l'autorisation d'exploration, fixe les droits et obligations respectifs des différentes parties, pendant la durée des phases d'exploration et éventuellement celles d'exploitation qui y sont rattachées. En l'espèce, il définit, notamment :

a) les obligations de travaux pour chacune des périodes d'exploration avec les garanties correspondantes[262] ;

b) les conditions dans lesquelles s'effectuent l'exploration et l'exploitation ;

c) les dispositions relatives à l'annulation de l'autorisation d'exploration ou au retrait d'une autorisation d'exploitation[263] ;

d) les dispositions financières, fiscales et douanières ;

e) les obligations relatives à la formation et à l'emploi de la main-d'œuvre locale ;

f) les règles relatives à la cession ou au transfert des droits et obligations du titulaire ;

g) les dispositions relatives à la participation de l'État ou de la société pétrolière nationale, à tout ou partie des opérations pétrolières ;

h) les dispositions relatives à la communication et à la transmission au ministre chargé des Hydrocarbures des informations, documents et échantillons relatifs aux opérations pétrolières ;

i) le cas échéant, la procédure de règlement des différends destinée à résoudre les litiges qui pourraient naître de l'application du contrat de partage de production ;

j) les règles relatives au transfert des biens et installations fixes à l'expiration du contrat de partage de production ;

k) l'obligation de réaliser une étude d'impact environnemental et social » ;

– La durée de l'autorisation d'exploitation (six mois en cas d'autorisation provisoire et 20 ans en cas d'autorisation exclusive) : elle n'est attribuée qu'aux personnes morales de droit sénégalais.

---

[262] Les garanties mises en place servent à couvrir des engagements de travaux relatifs à la période d'exploration (article 21 du code pétrolier). L'État la fait jouer lorsque le titulaire de l'autorisation d'exploration n'a pas rempli ses obligations de travaux.

[263] Le retrait d'un titre minier d'hydrocarbures est prévu à l'article 51 du Décret 2020-2061 du 27 octobre 2020 portant application du Code pétrolier dans les cas suivants : violation de la loi, du titre minier d'hydrocarbures, du contrat pétrolier, survenance d'une procédure collective curative. Ce retrait intervient après une mise en demeure par le ministre des Hydrocarbures. Elle ne saurait excéder deux mois.

Le législateur a précisé la nature de l'exploitation des gisements d'hydrocarbures. Il s'agit d'un acte de commerce[264].

Titres	Durée	Droits conférés	Obligations
Autorisation de prospection	- Durée maximale de 2 ans	- être informé trente jours à l'avance, de l'intention de l'État d'attribuer un titre minier d'hydrocarbures sur tout ou partie de la superficie faisant l'objet d'une autorisation de prospection ; - droit non exclusif d'exécuter des travaux préliminaires de prospection d'hydrocarbures	- Ne pas faire des forages d'une profondeur supérieure à deux cents mètres sauf dispositions contraires prévues dans l'autorisation de prospection
Autorisation d'exploration	4 ans pour la durée initiale. Peut aller jusqu'à 10 ans car renouvelable au plus deux fois pour une durée n'excédant pas trois ans à chaque	- le droit au bénéfice par décret d'une extension ne pouvant pas excéder un an à la fin de la période initiale ou du premier renouvellement ; - le droit au renouvellement de l'autorisation d'exploration d'hydrocarbures ; - le droit à la prorogation de la deuxième période de renouvellement ; - le droit exclusif d'exécuter tous les travaux y compris le forage dans les limites de sa zone ; - le droit de renoncer à ses droits sous	- s'engager à réaliser pendant la période initiale et le cas échéant pendant chaque période de renouvellement un programme minimum de travaux d'exploration prévu dans le contrat de partage de production. Ce faisant, le titulaire met en place une garantie d'une banque de réputation internationale couvrant les engagements minima de travaux relatifs à la période d'exploration ; - notification au plus tard dans les 48 heures de toute

[264] Article 41 du code pétrolier de 2019. Pour connaître ce qu'est un acte de commerce, V. L'article 3 de l'Acte uniforme portant sur droit commercial général.

Titres	Durée	Droits conférés	Obligations
		réserve d'un préavis de trois mois et conformément aux clauses du contrat de partage de production - le droit de disposer des hydrocarbures extraits du sous-sol à l'occasion des recherches et des essais de production relatifs auxdites recherches	découverte au ministre chargé des Hydrocarbures ; - effectuer des travaux d'évaluation du gisement après la découverte d'hydrocarbures ; - paiement d'une indemnité compensatrice si le contractant renonce à ses droits sans réaliser l'intégralité du programme minimal de travaux ; - soumission aux dispositions du Chapitre 4 et 7 du Code pétrolier
Autorisation d'exploitation provisoire	Durée maximale de six mois	Le droit d'exploiter les puits productifs. Ce faisant, poursuite de la délimitation et développement du gisement	Soumission des hydrocarbures résultant de l'autorisation d'exploitation provisoire aux règles fiscales et de partage entre l'État et les contractants
Autorisation d'exploitation définitive	Durée initiale maximale de vingt ans	- Droit au renouvellement une seule fois, pour une période additionnelle de dix ans au plus, à l'expiration de cette durée initiale - Droits exclusifs d'effectuer toutes les opérations pétrolières dans les limites de sa zone	- paiement du *bonus* de production dont les conditions et modalités sont fixées dans le contrat de partage de production

5. Règles de conduite des opérations pétrolières

102. Il s'agit de la diligence[265] suivant la réglementation en vigueur annexée au Code pétrolier et les pratiques internationales de l'industrie pétrolière, du respect de l'environnement[266], des règles d'hygiène, sécurité, santé, code de l'environnement, respect des droits humains (le texte vise les titulaires d'une autorisation de prospection et d'un contrat pétrolier), de la transparence des paiements effectués à l'État conformément aux normes ITIE[267].

B- Les opérations aval du secteur pétrolier et gazier

103. Contrairement aux activités amont qui ont été spécifiées dans le Code pétrolier de 2019, tel n'est pas le cas des activités aval. Lorsque le législateur dans le Code précité procède à des exclusions dans la définition des opérations pétrolières, on peut aisément deviner quelles sont les différentes opérations aval pétrolières (1). Au-delà, il y a des opérations aval non pétrolières (2).

1. Les opérations aval pétrolières

104. Les opérations suivantes sont visées, à l'examen de la définition donnée des opérations pétrolières. Il s'agit de la production, du stockage, du transport (Le transport peut se faire par voie terrestre ou maritime. Dans ce cas, il faut des installations de transport en zone maritime), de la commercialisation d'hydrocarbures.

Dans la définition de l'opération d'exploitation (extraction et traitement des hydrocarbures à des fins commerciales), on retrouve les travaux de production d'hydrocarbures. Comme on peut s'en apercevoir, cette activité n'est définie ni dans le Code pétrolier, ni dans le Décret d'application dudit Code. Par moment la production est assimilée à l'exploitation.

Pour stocker les produits bruts, il faut des équipements et du matériel. Suivant l'article 40 du Code pétrolier, lesdits équipements et ledit matériel sont des biens immeubles. Le stockage a été défini comme

---

[265] Il s'agit du titulaire d'une autorisation d'exploration qui est tenu d'effectuer, avec diligence, les travaux d'évaluation du gisement commercialement exploitable. Quant aux titulaires d'autorisation exclusive d'exploitation, il est tenu d'effectuer les travaux de développement de la découverte commerciale.

[266] La remise en état des sites. Dans le contrat de partage de production, il faut préciser que l'obligation d'étude d'impact environnemental a été effectuée. V. Article 53 du Code pétrolier.

[267] Voir article 10 et 11 des principes de l'ITIE.

étant l'entreposage des hydrocarbures et des produits pétroliers en surface ou souterrain. Avant d'être stockés par le titulaire d'une autorisation exclusive d'exploitation, les hydrocarbures doivent être transportés jusqu'au point de stockage. Les opérations de transport d'hydrocarbures relèvent de la compétence des personnes morales de droit sénégalais justifiant des capacités techniques et financières nécessaires à la conduite des activités de transport d'hydrocarbures. Une fois obtenue, l'autorisation de transport d'hydrocarbures donne droit à la réalisation et à l'exploitation d'infrastructures de transport d'hydrocarbures. Par contre, le titulaire d'une autorisation de transport d'hydrocarbures doit accepter le passage d'hydrocarbures en provenance d'autres gisements.

Si une personne morale de droit sénégalais souhaite construire des canalisations pour le transport d'hydrocarbures, le projet de construction est soumis à l'approbation préalable du ministre chargé des Hydrocarbures.

La commercialisation des hydrocarbures liquides et gazeux à l'état brut peut être le fait de la PETROSEN.

Parmi les opérations aval pétrolières, nous pouvons citer la liquéfaction de gaz naturel. Selon le Code gazier, la liquéfaction est l'opération consistant à faire passer le gaz naturel de l'état gazeux à l'état liquide. Le produit ainsi obtenu est appelé gaz naturel liquéfié.

2. Les opérations aval non pétrolières

105. Ce sont les opérations de raffinage, distribution et de la commercialisation des produits pétroliers et gaziers, consacrées par la loi n° 98-31 du 14 avril 1998 relatif aux activités d'importation, de raffinage, de stockage, de transport et de distribution des hydrocarbures. L'accent sera mis sur le raffinage (il faut obtenir une licence du ministre chargé des Hydrocarbures. Une fois cette licence obtenue, l'entreprise doit respecter les normes de qualité des produits, de sécurité des installations et de protection de l'environnement. Elle doit vendre ses produits à toutes personnes autorisées à distribuer des produits pétroliers ou à se ravitailler pour sa propre consommation), la distribution (l'entreprise doit obtenir une licence délivrée par le ministère chargé des Hydrocarbures pour approvisionner le marché national. Si la vente d'hydrocarbures raffinés est faite aux personnes ne disposant pas de cuves destinées au stockage, elle se fait obligatoirement à l'intérieur d'une station-service, d'une station de remplissage ou d'une station-

pêche) et la commercialisation. Le contexte de l'adoption de cette loi mérite d'être rappelé. En effet, on est passé d'un monopole détenu par la SAR et ses associés (ce sont les majors tels que Total, Vivo, Libya) sur toutes les activités aval des hydrocarbures à sa libéralisation pour permettre aux « indépendants » d'accéder au marché de l'importation, du raffinage, de l'exportation, du stockage, transport, de la distribution et de la commercialisation d'hydrocarbures[268].

106. Le raffinage s'entend de la transformation du pétrole brut en produits finis et semi-finis que sont notamment les gaz de pétrole liquéfié, l'essence super, l'essence ordinaire, le gasoil, le pétrole lampant, le carburéacteur, le diesel-*oil*, le fuel et le naphta. La distribution des produits pétroliers quant à elle consiste à reprendre lesdits produits pétroliers dans les dépôts pour les livrer directement aux industriels ou pour ravitailler les consommateurs à travers les stations-service et les stations de remplissage ou les pêcheurs artisanaux à travers les stations-pêche. À notre avis, la distribution équivaut à la commercialisation.

Y a-t-il une différence entre la commercialisation d'hydrocarbures et celle des produits pétroliers et gaziers ? *A priori*, la réponse affirmative s'impose en raison de la distinction opérée par le législateur sénégalais dans le Code pétrolier. Cependant, il faut faire remarquer que ni le Code pétrolier de 2019[269], ni la loi n° 98-31 du 14 avril 1998 relative aux activités d'importation, de raffinage, de stockage, de transport et de distribution des hydrocarbures encore moins son Décret d'application ne définissent la notion de produits pétroliers se contentant par moment de faire la différence entre les produits pétroliers et dérivés[270]. Au-delà, les contours du concept de « stockage », à savoir l'entreposage des hydrocarbures et des produits pétroliers en surface ou souterrain, définis dans le Code pétrolier, sont un indicateur de la distinction des hydrocarbures et des produits pétroliers. On peut également citer la définition du dépôt dans la loi n° 98-31 du 14 avril 1998 précitée. Pour rappel, les produits pétroliers sont le gaz butane, l'essence, le kérosène, gasoil, diesel, fuel *oil*[271]. On peut donc les

---

[268] SOW Birame, *op.cit.*, spèc., p.36, 62 et 119

[269] Le législateur y fait référence dans l'exposé des motifs de la loi n° 2019-03 portant code pétrolier. Il s'agit de produits pétroliers et gaziers prétraités ou liquéfiés.

[270] V. Par exemple articles 5, 6, 7 de la loi n° 98-31 et article 1er de son décret d'application.

[271] SOW Birane, *op. cit.*, p. 14.

assimiler à des hydrocarbures raffinés ou produits dérivés qui s'entendent du pétrole brut et du gaz naturel qui ont subi des opérations de première transformation ayant pour objet de les rendre marchands.

Dans tous les cas, et eu égard à la définition des titres miniers d'hydrocarbures, il faut un titre pour exercer des opérations non pétrolières à savoir une licence.

3. Les activités des segments intermédiaires et aval du secteur gazier

107. Trois questions méritent d'être posées : quels sont les objectifs de la loi 2020-06 du 7 février 2020 portant Code gazier ? Quelles valeurs véhicule-t-elle ? Quel est son domaine d'application ? Les deux premières questions étant liées, nous dirons que la loi précitée a pour objectif la valorisation des ressources gazières, le tout dans le respect des normes de qualité du gaz naturel, de sécurité, de préser-vation et de protection de l'Environnement, dans une perspective de développement durable.

Quant au domaine d'application de la loi n° 2020-06 du 7 février 2020 portant Code gazier, il est spécifié à l'article 2 dudit Code.

Nous étudierons successivement le pourquoi de l'adoption d'un texte réglementant le secteur gazier (a), les activités des segments intermédiaires et aval du secteur gazier (b), les modalités d'exercice des opérations gazières (c), la facilitation des opérations nécessitant une concession ou licence (d), les sanctions aux manquements graves et manifestes par les titulaires de licences ou concessions à leurs obligations (e), la surveillance des activités des segments intermédiaires et aval (f) et les aspects institutionnels (g).

a- Des textes antérieurs insuffisants ?

108. Au regard de l'exposé des motifs de la loi 2020-06 du 7 février 2020 portant Code gazier, on doit répondre par l'affirmative car les raisons qui ont justifié l'adoption du Code gazier tiennent principalement aux deux facteurs suivants :

– la loi n° 98-31 du 14 avril 1998 relative aux activités d'importation, de raffinage, de stockage, de transport et de distribution des hydrocarbures intègre certes le gaz naturel dans le champ des hydrocarbures, mais se concentre quasi-exclusivement sur le pétrole brut et les produits pétroliers ;

– la loi n° 2019-03 du 1er 2019 portant Code pétrolier ne régit que les activités amont du secteur pétrolier et gazier.

Pourtant, la loi 2019 portant Code pétrolier s'applique aux opérations de transport, stockage des hydrocarbures ainsi qu'à la liquéfaction du gaz naturel[272] et tout un chapitre a été consacré à ces opérations pétrolières et gazières dans la loi précitée. Ainsi, à l'article 35, le législateur précise les conditions du transport qui obéissent à trois normes : le Code pétrolier, les stipulations du contrat pétrolier, les textes d'application du Code pétrolier. Ce sont les mêmes normes qui s'appliquent aux opérations de liquéfaction du gaz naturel et à celle de stockage des hydrocarbures. Il faut dire au final que les textes se complètent. À titre d'exemple, les modalités de transport sont visées tant dans la loi sur le Code pétrolier que celle 98-31 du 14 avril 1998 relative aux activités d'importation, de raffinage, de stockage, de transport et de distribution des hydrocarbures et celle portant Code gazier (transport par gazoduc, transport par voie fluviale, maritime, terrestre pour ce qui concerne le gaz naturel comprimé et liquéfié). De même, le Décret n° 2020-2047 du 21 octobre 2020, le décret n° 2020-2094 du 28 octobre, le décret n° 2020-2065 du 28 octobre 2020 fixant, la loi de 2019-04 relative au contenu local dans le secteur des hydrocarbures s'appliquent aux activités pétrolières et gazières amont.

Ainsi, lorsqu'on s'imprègne de la définition des opérations gazières consacrée dans la loi 2020-06 portant Code gazier, on comprend qu'il fallait un texte spécifique régissant les opérations des segments intermédiaires et aval du secteur gazier.

109. L'examen des dispositions dudit Code gazier permet de comprendre la démarche du législateur qui a consisté d'abord à identifier les activités des segments d'intermédiaire et aval gazier, ensuite a défini les modalités d'exercice de ces activités, enfin mis en exergue les manquements par les titulaires de licence et de concession à leurs obligations, le contrôle, la surveillance des activités[273], les sanctions à ces manquements. Le législateur a également prévu comment l'État garantit ou facilite la réalisation des opérations gazières.

---

[272] Article 1er. D'ailleurs la loi 2020 portant Code gazier définit le Code pétrolier comme étant le cadre législatif qui fixe les règles relatives à la prospection, à l'exploration, au développement, à l'exploitation, au transport, au stockage des hydrocarbures et à la liquéfaction du gaz naturel ainsi que certaines dispositions du régime fiscal applicables aux activités précitées sur l'ensemble du territoire national.
[273] Article 66 du Code gazier.

b- Les activités des segments intermédiaires et aval

110.. Il s'agit :

– de l'agrégation, la transformation, le stockage, l'importation, l'exportation, la réexportation et la fourniture de gaz naturel sous forme gazeuse ou liquide ;

– du transport et la distribution par gazoducs de gaz naturel[274] ;

– du transport et la distribution de gaz naturel liquéfié[275] ;

– du transport et la distribution de gaz naturel comprimé.

C'est dire que les activités des segments intermédiaires et aval du secteur gazier sont tout simplement des opérations gazières. De même, il y a des activités qui ont une durée de cinq (5) ans et d'autres de quinze (15) ans. Dans les premières activités nous pouvons ranger celles d'importation, d'exportation, de réexportation, d'agrégation, de fourniture, de transport et distribution de gaz naturel liquéfié. Dans les secondes activités, nous pouvons ranger la distribution par gazoducs, le transport par gazoducs, le stockage, la transformation.

c- Les modalités d'exercice des opérations gazières

111. Ici, le législateur commence par traiter des règles communes à savoir les obligations pesant sur les titulaires de licence, concession, de fourniture, d'agrégation, les opérateurs de réseaux de transport et de distribution avant de prévoir le régime juridique applicable à chaque activité telle que :

– L'importation, exportation, réexportation ;

– agrégation, transformation, stockage ;

– transport par gazoducs, distribution par gazoducs ;

– activités de fourniture, transport et distribution de gaz naturel, liquéfié et comprimé ;

– tarification.

---

[274] C'est un gaz issu de la transformation naturelle de matières organiques essentiellement composées de méthane (SABLIERE Pierre, *Droit de l'énergie*, Dalloz Action, 2014-2014, n° 601.21). Le gaz naturel a été défini dans le Code gazier.

[275] C'est un gaz dont la température est abaissée à -162 ° C pour pouvoir le transporter sur de longues distances par voie maritime (SABLIERE Pierre, *Ibid*). Il a également fait l'objet de définition dans le Code gazier.

c-1. Les règles communes aux licences et concessions

112. Selon le législateur, le titulaire d'une licence ou de concession mène ses activités conformément aux textes en vigueur et selon les standards internationaux (Ces standards ont trait entre autres à la protection de l'environnement, à l'hygiène, santé, des aspects sociaux et de la sécurité). Il faut dire que la prévention et la lutte contre la pollution de l'environnement suppose éviter le rejet ou la fuite de tout produit polluant dans le milieu et en cas de pollution, la gestion, la décontamination, le traitement des déchets et la réhabilitation conformément aux prescriptions du plan de gestion environnementale et sociale. C'est ainsi que toutes les installations doivent être construites et exploitées de manière à respecter les normes en matière de rejets.

Avant toute activité, le titulaire de licence ou de concession soumet, pour information, à l'organe de régulation, un rapport détaillé sur la technique et la méthode à employer, les matériaux à utiliser et les mesures de sécurité à appliquer.

Avant exécution de tout projet d'implantation, de réalisation et d'exploitation d'infrastructures, il (le titulaire de licence ou de concession) soumet pour approbation au ministre en charge des Hydrocarbures et à l'organe de régulation. Le titulaire de licence ou de concession informe le ministre chargé des Hydrocarbures de tout changement ou perturbation susceptible d'affecter la chaîne d'approvisionnement en gaz naturel. L'information du ministre en charge des Hydrocarbures est également due en cas d'écart important ou modification des conditions préalables à l'obtention de la licence ou concession. Le titulaire de licence ou de concession assure la continuité du service, participe aussi à la sécurisation de l'approvisionnement régulier et continu du pays en gaz naturel (ces différentes modalités sont définies par décret).

Les titulaires de licences ou de concessions, en cas d'arrêt permanent ou d'abandon de licence sont tenus de remettre en état et de procéder à la réhabilitation[276] des sites en fin d'exploitation, conformément à la législation environnementale en vigueur et aux standards internationaux. C'est pourquoi ils versent annuellement et sur toute la durée du titre, à l'organe chargé de recevoir les dépôts et consignations, une provision en

---

[276] Selon le législateur, le plan de réhabilitation et de restauration des sites est partie intégrante de l'étude d'impact environnemental et social. Le coût des travaux figure dans le plan de gestion environnementale et sociale validé.

vue de constituer le montant du cautionnement pour la réhabilitation et la restauration des sites dans les conditions fixées dans les licences ou les contrats de concession. Comment ce fonds va être décaissé ? Les modalités de ce décaissement sont fixées par arrêté interministériel du ministre chargé de l'Environnement et des Hydrocarbures.

Les titulaires de licences ou de concessions ainsi que les entreprises travaillant pour leur compte mènent leurs activités dans le strict respect de la loi sur le contenu local dans le secteur des hydrocarbures et ses décrets d'application ; leurs opérations sont soumises à la réglementation des relations financières extérieures en vigueur au Sénégal. Enfin, non seulement les normes et spécifications de gaz naturel fixées par décret doivent être respectées par les titulaires de licence ou de concession, mais également l'État peut prendre une participation en s'associant avec les titulaires d'une licence ou d'une concession.

113. En outre, le titulaire d'une licence ou d'une concession a l'obligation :

– de fournir des informations sur les bénéficiaires effectifs de la société ;

– de réaliser une évaluation environnementale préalable, d'obtenir une autorisation d'exploitation au titre de la réglementation sur les installations classées pour la protection de l'environnement. Il faut que dans ces deux hypothèses l'attribution d'une licence ou d'une concession pour les activités intermédiaires et aval comporte la réalisation d'infrastructures gazières ;

– d'adresser au ministre en charge des Hydrocarbures une demande de titre d'exercice pour l'exploitation de son activité (ce faisant le ministre transfère la demande à l'organe de régulation pour avis) ;

– d'obtenir toutes les autres autorisations administratives, légales et réglementaires requises pour l'exercice de l'activité visée ;

– de céder, transférer les licences à des personnes morales de droit sénégalais possédant les capacités techniques et financières (le ministre en charge des Hydrocarbures, après avis de l'organe de régulation, approuve par arrêté, les actes de cession et de transfert. Si la cession ou le transfert porte directement atteinte à l'intérêt général ou à la santé publique, le ministre en charge des Hydrocarbures peut refuser d'approuver. Le Code général des impôts s'applique à ces différents actes) ;

– d'assurer la continuité des activités notamment respecter les engagements souscrits dans la licence ou la concession, y compris ceux relatifs aux coûts de déclassement et de réhabilitation jusqu'à l'approbation de la demande de renonciation)[277] ;

– payer les droits et taxes dont il est redevable conformément au Code général des impôts ;

– payer les droits et taxes conformément aux dispositions du Code des douanes.

114. Au-delà des obligations des titulaires de licence et de concession, il y a celles des opérateurs de réseaux de transport et de distribution de gaz ainsi que des installations de stockage. Ces derniers :

– doivent garantir aux tiers une liberté d'accès et respecter les principes de transparence tarifaire, d'égalité de traitement et de non-discrimination ;

Les opérateurs de réseau de transport ou de distribution peuvent refuser l'accès à leur réseau pour les motifs suivants :

– manque de capacité ;

– raisons techniques ou opérationnelles ;

– graves difficultés économiques ou financières rencontrées dans l'exécution des contrats de vente.

Un tel refus doit non seulement être motivé, mais également notifié concomitamment au demandeur et à l'organe de régulation. Le demandeur peut saisir les juridictions pour contester un tel refus. Ces opérateurs transmettent au ministre en charge des Hydrocarbures et à l'organe de régulation des rapports sur leurs activités au niveau national[278].

Il arrive qu'en cas de survenance d'une des situations ci-après, le ministre en charge des Hydrocarbures prennent des mesures temporaires de sauvegarde. Il s'agit de :

– crises graves sur le marché international ou local du gaz naturel ;

– menaces sur la sécurité ou sur la sûreté des réseaux et installations gazières ;

---

[277] La renonciation à la licence ou concession, au cours de la période de validité, a lieu après approbation du ministre en charge des Hydrocarbures.

[278] Il est vrai que l'article parle des opérateurs. Ce qui peut laisser penser qu'il s'agit de toutes les personnes morales qui s'adonnent à des opérations gazières. Mais, une lecture approfondie des textes permet d'arriver à une conclusion contraire.

– risques pour la sécurité des personnes ;

– suspension ou retrait de licence ou de concession.

c-2. Les obligations spécifiques

115.. Faisons remarquer qu'à côté des obligations communes, le législateur a consacré de façon expresse des obligations spécifiques du titulaire de licence d'agrégation. Ainsi ce dernier a l'obligation de :

– se conformer aux spécifications énoncées dans le Code réseau pour le gaz naturel transporté ;

– payer le tarif d'utilisation du réseau ;

– respecter le principe de transparence et de non-discrimination par rapport à l'achat et la vente en gros de gaz naturel ;

– fournir les informations nécessaires aux opérateurs des infrastructures gazières.

On peut également relever les obligations des titulaires de réseaux de transport, de distribution et des installations de stockage à savoir la garantie aux tiers d'une liberté d'accès, le respect des principes de transparence tarifaire, d'égalité de traitement et de non-discrimination.

Le titulaire d'une concession de distribution par gazoducs doit assurer l'exploitation, l'entretien, la maintenance et le développement du réseau de distribution qui lui est dédié. Pour assurer techniquement l'accès au réseau de distribution de gaz, il met en œuvre les programmes de mouvements de gaz établis par les fournisseurs et clients éligibles. Il respecte le Code réseau.

Le titulaire d'une licence de fourniture a l'obligation de :

– se conformer aux spécifications énoncées dans le Code réseau ;

– payer un tarif fixé par l'Organe de régulation pour l'utilisation du réseau de distribution ;

– respecter les principes de transparence et de non-discrimination par rapport à l'achat et à la vente en détail de gaz naturel ;

– fournir les informations nécessaires aux opérateurs des infrastructures afin qu'ils exécutent efficacement leurs activités.

On peut également citer les obligations des titulaires de licences de fourniture ou d'agrégation qui doivent communiquer leur plan prévisionnel d'approvisionnement en gaz au ministre en charge des Hydrocarbures et à l'organe de régulation.

Les titulaires de concession de transport ou de distribution autorisent le raccordement avec les installations d'autres titulaires de licences ou concessions ainsi que les clients éligibles à condition que ce raccordement soit techniquement réalisable et que la personne morale qui en fait la demande assume les charges, coûts et frais qui en résultent[279].

Le titulaire d'une concession de transport par gazoducs élabore et soumet à l'approbation de l'organe de régulation, le Code réseau. Il met en œuvre les programmes de mouvements de gaz établis par les fournisseurs, agrégateurs et clients éligibles.

Le titulaire d'une licence de stockage doit mettre à la disposition des gestionnaires de réseaux les capacités de stockage non utilisés et techniquement disponibles dans les infrastructures de stockage pour l'équilibrage des réseaux et la continuité d'acheminement sur ces réseaux.

c-3. Le régime alternatif d'exercice des activités gazières ou titre d'exercice ou règles spécifiques

Nous étudierons successivement le régime de la licence et celui de la concession.

i. Le régime de la licence

À qui ? La licence est accordée à toute personne morale de droit sénégalais justifiant des capacités techniques et financières nécessaires à la conduite des opérations gazières.

Comment ? La licence est attribuée aux personnes morales de droit sénégalais au moyen d'appel d'offres ou consultation directe. Un décret fixe les conditions de recevabilité de la demande de licence ainsi que les modalités de mise en œuvre de l'appel d'offres et de la consultation directe.

Pourquoi ? La licence est accordée pour les opérations suivantes :

– Importation ;

– Exportation ;

– Réexportation ;

– Agrégation ;

– Transformation ;

[279] NB/ Les conditions de raccordement au réseau de transport ou de distribution sont définies par décret.

– Stockage ;
– Fourniture de gaz naturel ;
– Transport et distribution de gaz liquéfié et comprimé.

Les suites de la demande de licence. Il peut s'agir de l'octroi comme du rejet de la demande de licence. Lorsque la licence est accordée, elle est accompagnée d'un cahier des charges définissant les obligations de l'opérateur. Si le ministre rejette la demande de licence, il doit motiver le rejet. Dans tous les cas, avant tout octroi ou rejet, il faut un avis de l'organe de régulation. L'avis de cet organe est requis en cas de renouvellement de la licence.

ii. Le régime de la concession

À qui ? La concession est accordée à toute personne morale de droit sénégalais qui justifie des capacités techniques et financières à la conduite des activités de transport ou de distribution de gaz naturel par gazoduc.

Comment ? La concession est attribuée par appel d'offres et consultation directe aux personnes morales de droit sénégalais. Les modalités de l'appel d'offres ou de consultation écrite, les conditions de recevabilité de la demande sont fixées par Décret.

Signature. Le contrat de concession est signé par le ministre en charge des Hydrocarbures et le ou les demandeurs de la concession.

Approbation et publication du contrat. Le contrat est approuvé par Décret et publié au *Journal officiel.*

À l'instar de la licence, le ministre en charge des Hydrocarbures attribue ou rejette les demandes de concession après avis de l'organe de régulation. De même, tout rejet de la demande est motivé et le contrat de concession peut être renouvelé sur demande de son titulaire.

d- La facilitation des opérations nécessitant une concession ou une licence

116. Les terres nécessaires à la réalisation et à l'exploitation des ouvrages gaziers peuvent être expropriées pour cause d'utilité publique. De même, le titulaire d'une concession de transport ou de distribution par gazoducs peut être autorisé à enfouir sur le domaine national[280] les gazoducs, les canalisations et autres accessoires techniques nécessaires à leurs exploitations et à leurs protections. Dans ce cas, l'État indemnise l'affectataire, l'occupant ou l'exploitant dans les conditions prévues par la réglementation en vigueur relative au domaine national.

Le titulaire d'une concession de transport ou de distribution par gazoducs peut bénéficier de l'autorisation d'occuper le domaine public ou privé de l'État. Il peut être autorisé à :

– exécuter sur les voies publiques et leurs dépendances tous travaux nécessaires à l'établissement et à l'entretien des ouvrages en se conformant aux règlements de voirie et d'urbanisme, aux plans directeurs d'urbanisme ainsi qu'à la réglementation en vigueur relative à la sécurité, la police et le contrôle des installations de transport et de distribution par gazoducs.

e- Les sanctions des manquements par les titulaires de licence ou concession à leurs obligations

117. Les sanctions prévues dans le Code gazier sont dues à des manquements graves et manifestes par les titulaires de licence et concession à leurs obligations (**e.1**). Leur typologie sera examinée également (**e.2**)

e-1. Les conditions des sanctions

118. Comme rappelé dans le chapeau introductif, la violation grave et manifeste à leurs obligations par les titulaires de licence ou de concession peut faire l'objet de sanctions prononcées par l'Organe de régulation.

Sont notamment constitutifs de manquements :

• l'exercice des activités des segments intermédiaire et aval du secteur gazier sans concession ou licence ou en violation des conditions fixées dans le cahier des charges ou dans le contrat signés lors de l'octroi de ces régimes ;

• l'exercice des activités des segments intermédiaire et aval du secteur gazier en violation des règles fixées par le présent Code et des textes pris pour son application, notamment en matière de contenu

[280] Les terres du domaine national sont classées en quatre catégories : les zones urbaines, classées, les zones des terroirs et les zones pionnières. V. BOYE Abd-El-Kader, « Rapport sur le régime foncier sénégalais », *RSD*, 1977, n° 21, p. 238.

local, d'environnement, d'hygiène, de sécurité, de normes techniques et de sites classés ;

• le défaut de versement ou le versement tardif et/ou insuffisant des redevances dues ;

• le manquement aux règles techniques de conception, d'entretien et d'exploitation fixées pour le raccordement et l'accès aux réseaux de transport et de distribution et aux installations de stockage ;

• le défaut de communication des informations prévues par le présent Code ou les textes pris pour son application ;

• le manquement aux obligations relatives aux règles comptables, aux informations et aux communications dont le ministre en charge des Hydrocarbures ou l'Organe de régulation ont la charge du suivi ;

• le non-respect des obligations contenues dans le cahier des charges et le contrat de concession en matière d'entretien des infrastructures des opérateurs destinés à l'exploitation de leurs activités dans le cadre du transport, de la distribution, du stockage et de la transformation du gaz destiné à l'approvisionnement des consommateurs, à l'exportation et à l'importation.

119. Au-delà, en cas de manquement grave et manifeste, l'organe de régulation peut appliquer au contrevenant des sanctions pécuniaires dans les cas suivants :

a) défaut de concession ;

b) défaut de licence ;

c) obstruction au contrôle des agents assermentés ;

d) atteintes aux règles sur le contenu local ;

e) non-respect des prix fixés ;

f) non-respect des règles techniques, de sécurité, d'hygiène ou portant sur l'environnement et les sites protégés et exceptionnels ;

g) interruption de la chaîne de fourniture de gaz à l'exception des cas de force majeure ;

h) non-respect des obligations contenues dans le cahier des charges et le contrat de concession en matière d'entretien des infrastructures des opérateurs destinés à l'exploitation de leurs activités dans le cadre du transport, de la distribution, du stockage et de la transformation du gaz destiné à l'approvisionnement des consommateurs à l'exportation et à l'importation ;

i) défaut de communication des informations prévues au présent Code ;

j) non-respect des normes comptables prévues par le présent Code ;

k) défaut de paiement des redevances et amendes.

e-2. Les différentes sanctions

120. Il s'agit des sanctions pécuniaires, complémentaires et alternatives aux sanctions pécuniaires.

Concernant les sanctions pécuniaires, faisons remarquer qu'un décret fixe les modalités de détermination du montant des sanctions pécuniaires, d'application et de perception des amendes. Pour tout autre manquement grave et manifeste visé par les articles 65 et 67 du Code gazier, l'Organe de régulation peut prononcer une sanction pécuniaire dont les modalités de perception sont fixées par décret. Les sanctions complémentaires ou alternatives s'appliquent aux dirigeants de la personne morale mise en cause. Au-delà, il y a la suspension des activités de l'opérateur pour une durée ne pouvant pas dépasser six mois en raison des fautes commises ou des manquements répétés, le retrait de la concession ou de la licence concernée et la déchéance de tout opérateur ou exploitant.

121. Le manquement grave et manifeste peut donner lieu à des sanctions prononcées à l'encontre des dirigeants de la personne morale mise en cause. Cette sanction consiste en l'interdiction d'exercer comme dirigeant ou administrateur d'une personne morale dont les activités sont régies par le présent Code. Pour rappel, les expressions « dirigeant » ou « administrateur » sont loin d'être explicites et les contours ne peuvent être cernés que lorsque l'on aura su quelles sont les personnes morales qui exercent les activités des segments intermédiaires et aval du secteur gazier.

En outre, le législateur sénégalais est resté muet sur les modalités de la fin de l'interdiction. Sera-t-elle constatée par un acte de l'Organe de régulation ou au bout de cinq ans maximum elle prend fin de plein droit ? Dans l'hypothèse où la mesure d'interdiction est de moins de cinq ans qui a le droit de la lever et sur la base de quelles raisons ?

122. Un autre rappel consistera à dire que la personne morale est soit un client éligible, une personne qui exerce l'activité de transport ou de distribution par gazoducs, un fournisseur, un opérateur, en somme les personnes exerçant les activités des intermédiaires et aval du secteur gazier.

123. La suspension est une sanction par laquelle le ministre en charge des Hydrocarbures, après avis de l'organe de régulation, interrompt les activités de l'opérateur pour une durée ne pouvant dépasser six mois en raison des fautes commises dans la réalisation de ses opérations ou de manquements répétés aux obligations prévues par le présent Code et les textes pris pour son application.

Le retrait de la concession ou de la licence n'est prononcé par le ministre précité que lorsque l'opérateur frappé d'amende ou de suspension persiste dans l'exercice de son activité en violation des règles et principes fixés par le présent Code et des textes pris pour son application.

En revanche, la déchéance de tout opérateur ou exploitant est prononcée en cas de dissolution anticipée, de liquidation des biens assortie ou non d'une autorisation de continuation de l'entreprise ou de faillite.

f- La surveillance et le contrôle des activités des segments intermédiaires et aval

124. Ils sont assurés par l'Organe de régulation. Ainsi, les agents de l'organe de régulation habilités et assermentés ont pour mission de :

– veiller à l'application du présent Code, des textes pris pour son application, des contrats de licence et de concessions en cours de validité ;

– rechercher, constater sur procès-verbal et rendre compte des manquements constatés.

Cette situation n'empêche cependant pas le ministère public ou les administrations compétentes d'intervenir. Dans cette dernière hypothèse, nous pensons à l'administration des douanes et à l'administration fiscale. L'invocation des prérogatives du ministère public nous fait penser à la commission d'infractions dans le cadre de l'exercice de leurs activités par les segments des intermédiaires et aval du secteur gazier et partant à l'existence d'un droit pénal gazier.

g- Les aspects institutionnels

125. Il s'agit du ministre en charge des Hydrocarbures et de l'organe de régulation. Le ministre en charge des Hydrocarbures met en œuvre la politique définie par le Chef de l'État dans les opérations gazières. À ce titre, il :

– définit les normes applicables aux segments intermédiaire et aval du secteur gazier, conformément aux dispositions du présent Code ;

– veille à la sauvegarde de l'intérêt général en facilitant notamment, la réalisation des infrastructures gazières conformément aux objectifs d'aménagement du territoire, qui seront exploitées par l'ensemble des acteurs dans des conditions économiques et de sécurité optimales ;

– s'assure du respect des exigences du contenu local ;

– attribue les licences, par arrêté, après avis consultatif de l'organe de régulation ;

– signe les contrats de concession, après avis consultatif de l'organe de régulation, qui sont approuvés par décret ;

– élabore en relation avec les acteurs institutionnels concernés et met en œuvre après avis de l'organe de régulation, le plan de développement gazier, établi pour une période fixée par arrêté.

L'un des constats que nous pouvons faire est qu'il existe plusieurs plans :

– plan de gestion environnementale et sociale (articles 22, 32) ;

– plan de développement gazier (article 4)[281] ;

– plan prévisionnel d'approvisionnement en gaz[282] ;

– plan de réhabilitation et de restauration des sites (article 32) ;

– plans directeurs d'urbanisme.

De même, par endroit, on ne sait pas si l'avis livré par l'organe de régulation est consultatif ou conforme.

126. Aux termes de l'article 5 du Code gazier, l'organe de régulation, créé par une loi, est chargé, dans le respect des orientations politiques fixées par le Gouvernement, de la régulation des activités des segments intermédiaire et aval du secteur gazier. À ce titre, il veille notamment :

– au respect des normes applicables dans les segments intermédiaire et aval du secteur gazier ;

---

[281] Le législateur, dans le Code gazier et contrairement au Code pétrolier (article 31), n'a pas évoqué de possibilité de prévision de modèle de rapport de plan de développement.

[282] Ce plan est communiqué par les titulaires de licence de fourniture ou d'agrégation au ministre en charge des Hydrocarbures.

– à la promotion et au développement rationnel de l'offre de gaz naturel ;

– à la viabilité économique et financière du secteur du gaz naturel.

Il veille également, en collaboration avec les acteurs institutionnels concernés à :

– la promotion et à l'exercice d'une concurrence libre et saine dans le secteur du gaz naturel ;

– la protection des droits et intérêts du consommateur en termes d'accès à un gaz naturel de bonne qualité, dans les meilleures conditions économiques et techniques.

Il élabore la structure du prix du gaz naturel depuis le prix producteur jusqu'au prix de cession du consommateur final. La structure des prix intègre l'ensemble des éléments de coûts pertinents de la chaîne d'approvisionnement applicable.

Les prix sont fixés conformément à la réglementation en vigueur.

À tout moment, l'organe de régulation peut et par tout moyen approprié de manière non limitative :

– exiger des renseignements sur les activités du titulaire de licence ou de concession ;

– effectuer des inspections et contrôles sur les installations, et la comptabilité du titulaire de licence ou de concession.

127. Suivant l'article 56 du Code gazier, l'organe de régulation détermine les tarifs d'utilisation des infrastructures de transport, de distribution, de transformation et de stockage de gaz naturel de manière transparente et non discriminatoire. Le prix de cession du gaz naturel sur le marché national à des clients éligibles ou non par les agrégateurs ou les fournisseurs est déterminé par l'organe de régulation. Pour rappel, le client éligible (personne morale) est celui qui conclut un contrat d'achat et de vente de gaz naturel avec l'agrégateur ou le fournisseur (le fournisseur achète du gaz naturel à l'agrégateur pour le vendre au client éligible ou non). Ce faisant, il peut avoir accès aux réseaux de transport et de distribution de gaz.

Section 2. Les contrats extractifs proprement dits

128. Pour rappel, relevons que la loi 1998-05 du 8 janvier 1998 portant Code pétrolier s'applique tant aux compagnies pétrolières que gazières. Pour s'en convaincre, il faut examiner l'exposé des motifs de la loi 2019-03 du 1er février 2019 portant Code pétrolier. Ainsi, il s'infère de la lecture dudit exposé que le cadre incitatif de la loi de 1998 a permis le développement puis le début de l'exploitation du gaz naturel dans les anciens permis (Thiès/Sébikotane en *onshore*). De même, l'article 1er du Code pétrolier de 2019 dispose que le présent Code fixe les règles relatives à la liquéfaction du gaz naturel. Quant à l'article 16 de la loi 2020-06 du 7 février 2020 portant Code gazier, il précise que les activités de transport, de stockage et de liquéfaction prévues par le Code pétrolier sont soumises à l'obtention d'une autorisation là où les activités des segments intermédiaires et aval du secteur gazier doivent être exercées grâce à l'obtention préalable d'une licence octroyée par arrêté ou d'une concession approuvée par décret. Enfin, l'article 72 de la loi portant Code gazier mérite d'être cité[283]. Ces précisions ayant été faites, nous étudierons successivement la typologie des contrats pétroliers et gaziers (**Paragraphe 1**), les différentes phases des contrats pétroliers et gaziers (**Paragraphe 2**) et la fin des contrats pétroliers et gaziers (**Paragraphe 3**).

Pargaraphe 1. La typologie des contrats pétroliers et gaziers

Nous examinerons successivement les contrats pétroliers (A) et gaziers (B).

A- La typologie des contrats pétroliers

129. Le contrat pétrolier est défini comme un accord de volonté entre l'État et le contractant pour effectuer des activités d'exploration et/ou d'exploitation à titre exclusif sur une zone d'exploration et/ou d'exploitation. Le contractant est une personne morale signataire d'un contrat pétrolier et toute personne morale bénéficiaire d'un transfert régulier d'un intérêt participatif[284] dans un contrat pétrolier.

Dans le Code pétrolier de 2019, deux catégories de contrats sont consacrées : le contrat de services d'une part, et celui de partage de production, d'autre part. Tous deux visent l'exploration et l'exploitation.

---

[283] Les sociétés pétrolières intervenant dans l'amont des hydrocarbures sont autorisées à poursuivre l'exploitation de leur réseau de transport de gaz jusqu'à l'expiration de son autorisation d'exploitation si :
– elles sont titulaires d'un périmètre d'exploitation ou d'une autorisation d'exploitation en cours de validité à la date d'entrée en vigueur du présent code ;
– elles exploitent une canalisation ou un réseau de transport de gaz.

[284] Pourcentage indivis de participation de chaque membre du groupe contractant.

1. Le contrat de services

130. Dans le contrat de services, l'État conclut le contrat avec le contractant via la société pétrolière nationale à qui sont délivrés des titres miniers d'hydrocarbures. Le contractant s'engage à réaliser des activités d'exploration et/ou d'exploitation sur une zone d'exploration et/ou une ou plusieurs zones d'exploitation. Remarquons que si le contractant agit au nom et pour le compte de l'État, il le fait à ses risques et frais financiers, techniques exclusifs. En cas de découverte de gisement commercial, le contractant reçoit un montant déterminé ou déterminable, payable en numéraire ou en nature, à titre de rémunération. L'entrepreneur a droit à une rémunération en nature s'il conclut un contrat d'entreprise. Il est remboursé du coût de ses travaux, conseils et services lorsqu'il apporte son assistance technique à l'État dans l'exploitation des hydrocarbures[285]. L'assistance technique consiste en un transfert de compétence[286].

2. Le contrat de partage de production

131. Ici, le contractant s'engage à réaliser des activités (le législateur ne précise pas lesquelles). Ce sont les mêmes risques et frais financiers, techniques qui sont supportés par lui. À ce dernier, l'on délivre des titres miniers nécessaires aux opérations pétrolières. Le contractant reçoit une partie de la production issue de tout gisement commercial.

Il existe deux formes de contrat de partage de production : le contrat d'exploration et de partage de production d'une part, et le contrat d'exploitation et de partage de production, d'autre part. Le contenu du contrat de partage de production est prévu à l'article 20 du Code pétrolier. Ainsi, le contrat de partage de production définit notamment :

a) les obligations de travaux pour chacune des périodes d'exploration avec les garanties correspondantes ;

b) les conditions dans lesquelles s'effectuent l'exploration et l'exploitation ;

---

[285] TUELLE-PAMBO Imelda, *L'exploration-production offshore des hydrocarbures, Prévention, répression et réparation des déversements illicites d'hydrocarbures*, PUAM, 2018, p. 25. Pour cette auteure, les contrats d'exploitation pétrolière sont : les contrats de concession, de partage de production, les contrats à risques, les contrats de participation, les contrats d'assistance technique (il s'agit par exemple des contrats clés en main ou produit en main).

[286] SHAPIRA Jean, « Les contrats internationaux de transfert technologique », *JDI*, 1978, n° 1, p . 32.

c) les dispositions relatives à l'annulation de l'autorisation d'exploration ou au retrait d'une autorisation d'exploitation ;

d) les dispositions financières, fiscales et douanières ;

e) les obligations relatives à la formation et à l'emploi de la main-d'œuvre locale ;

f) les règles relatives à la cession ou au transfert des droits et obligations du titulaire ;

g) les dispositions relatives à la participation de l'État ou de la société pétrolière nationale, à tout ou partie des opérations pétrolières ;

h) les dispositions relatives à la communication et à la transmission au ministre chargé des Hydrocarbures des informations, documents et échantillons relatifs aux opérations pétrolières ;

i) le cas échéant, la procédure de règlement des différends destinée à résoudre les litiges qui pourraient naître de l'application du contrat de partage de production ;

j) les règles relatives au transfert des biens et installations fixes à l'expiration du contrat de partage de production ;

k) l'obligation de réaliser une étude d'impact environnemental et social.

3. Assistons-nous à une disparition du contrat de concession ?

132. Le contrat de concession existe-t-il toujours ? Poser une telle question est important en raison du fait que l'État peut prendre une participation de ce type de contrat (articles 4 et 9 du Code pétrolier de 2019) et des grands principes auxquels reste soumis ce contrat à savoir la stabilisation fiscale et la non-discrimination entre les compagnies[287]. Un autre intérêt est relatif au changement de paradigme dans la propriété des ressources naturelles qui appartiennent désormais au peuple là où le contrat de concession aliénait la propriété du sous-sol national[288].

B- La typologie des contrats gaziers

133. Les contrats gaziers ou conclus dans le secteur gazier sont au nombre de quatre : le contrat d'agrégation (1), de concession (2), le contrat de fourniture de gaz naturel (3) et les contrats nécessaires à l'exécution de la mission de transporteur (4).

---

[287] Lamy Contrats internationaux, n° 361-5.

[288] LHUILIER Gilles, *op. cit.*, *in La transparence des industries extractives en Afrique*, p. 212.

1. Le contrat d'agrégation

134. Il lie un producteur ou importateur à un agrégateur, c'est-à-dire une personne morale. Cette personne morale effectue une vente en gros de tout ou partie de ce gaz sur le territoire national à des clients éligibles ou non. Le client éligible est une personne morale ayant rempli les critères d'éligibilité qui lui confèrent le droit de conclure des contrats d'achat et de vente de gaz naturel avec les agrégateurs et les fournisseurs de son choix. Elle dispose à ce titre, d'un droit d'accès réglementé aux réseaux de transport et de distribution de gaz. Les critères auxquels doivent satisfaire les clients éligibles sont définis par décret.

Le territoire national est la partie terrestre de la République du Sénégal ainsi que le plateau continental et les zones maritimes sur lesquelles, conformément au droit international, le Sénégal exerce ses droits de souveraineté ou sa juridiction.

Au-delà, remarquons que le prix du contrat d'agrégation est déterminé par l'Organe de régulation et qu'il y a un achat et une vente en détail du gaz naturel.

2. Le contrat de concession

135. Il lie l'État à une personne morale. Son objet est le transport ou la distribution par gazoducs. Le contrat de concession permet la gestion de réseau. Le gestionnaire de réseau est une personne morale chargée de la gestion d'un réseau de transport et/ou de distribution de gaz naturel en vertu d'un contrat de concession. Le contrat de concession obéit à un formalisme. Ainsi, il est signé par le ministre en charge des Hydrocarbures et le ou les demandeurs de la concession après avis consultatif de l'organe de régulation, approuvé par décret et publié au *Journal officiel*.

3. Le contrat de fourniture de gaz naturel

136. C'est un contrat d'achat de gaz naturel à l'agrégateur du gaz naturel pour revendre aux clients éligibles ou non. Il s'agit donc d'un acte de commerce par nature. On peut dire qu'il lie le fournisseur au client éligible ou pas. La définition de la distribution par gazoducs permet de s'en convaincre ainsi que celle de fournisseur.

4. Les contrats nécessaires à l'exécution de la mission de transporteur

137. Ils sont conclus entre le titulaire de la concession de transport par gazoducs avec :

– les fournisseurs de gaz ;

– les agrégateurs ;

– les titulaires de concessions de distribution par gazoducs ;

– les clients éligibles raccordés à son réseau ;

– les exploitants d'installations de stockage de gaz.

Paragraphe 2. Les différentes phases des contrats extractifs et droits et obligations des titulaires desdits contrats

139. Elles tiennent à la formation des contrats extractifs, d'une part (A) et, d'autre part, aux droits et obligations des titulaires des contrats pétroliers et gaziers (B).

A- Les différentes phases de formation des contrats extractifs

138. Le processus de formation concerne les négociations, l'offre, l'acceptation, les avant-contrats[289]. Ce processus aurait-il vocation à s'appliquer au contrat pétrolier ? La réponse négative s'impose en raison de la particularité des contrats pétroliers. Pour Bertrand FAGES, le recours aux pourparlers est justifié par la complexité juridique, la dimension internationale et les enjeux financiers. Dans cette dernière hypothèse, on peut citer les contrats liés à une activité industrielle de grande ampleur tels que les contrats de transfert de technologie, les contrats de vente d'ensembles industriels, les contrats de prospection et d'extraction des richesses du sous-sol[290]. Nous traiterons de la demande de contrat pétrolier et gazier (1), de l'appel d'offres ou consultation

---

[289] BEYNEIX Isabelle, « La négociation des contrats », *RTDcom* 2016, p. 1. L'auteur relate la différence d'approche entre le code civil de 1804 qui ne traitait pas des pourparlers et l'ordonnance du 10 février 2016 qui prend acte des solutions jurisprudentielles relatives au processus contractuel. *Adde* FOURNIER Philippe, « Les apports de l'ordonnance en matière de pourparlers et d'avant-contrats », Dalloz IP/IT 2016, p. 236. Dans son étude, l'auteur range l'offre, l'acceptation, les pactes de préférence et les promesses de contrats dans la catégorie des avant-contrats V. Contra MEKKI Mustapha, « L'ordonnance n° 2016-131 du 10 février 2016 portant réforme du droit des contrats, du régime général et de la preuve des obligations », D.2016.494.

[290] FAGES Bertrand, « L'importance des pourparlers », *Droit et Patrimoine*, n° 72, 1er juin 1999, p. 2.

directe (2), du formalisme spécifique au contrat de partage de production (3) et de la négociation des contrats pétroliers et gaziers (4).

1- La demande de contrat pétrolier et gazier

139. Elle est faite par les personnes morales justifiant de capacités techniques et financières en dehors des zones faisant déjà l'objet d'un titre minier d'hydrocarbures ou dans des zones du territoire de la République du Sénégal ouverte aux opérations pétrolières (ces zones sont découpées en bloc allant de 1 000 kilomètres carrés à 10 000 km^2 en fonction de la géologie et des thématiques de prospect). Suivant l'article 3 du Décret d'application du Code pétrolier, les zones ouvertes aux opérations pétrolières sur le territoire de la République du Sénégal sont découpées en blocs de forme géométrique simple. Ce découpage en blocs de superficie allant de 1 000 à 10 000 km^2 est réalisé par la société nationale pétrolière en l'occurrence PETROSEN. Un décret approuve le découpage ainsi réalisé.

Pour rappel, la demande de titres (autorisation, titres miniers d'hydrocarbures[291]) est à dissocier de la demande de contrat pétrolier expressément visée à l'article 11 *in fine* du Code pétrolier.

2- L'appel d'offres ou consultation directe

140. Les blocs découlent du découpage des zones ouvertes aux opérations pétrolières (blocs allant de 1 000 km^2 à 10 000 km^2) par la PETROSEN, réalisé et approuvé par décret. Suivant l'article 4 du Décret portant application du Code pétrolier, une commission d'examen et de négociation des contrats pétroliers a pour mission d'appuyer le ministre chargé des Hydrocarbures dans l'évaluation des offres techniques et financières reçues dans le cadre d'un appel d'offres ou d'une consultation directe ainsi que dans la négociation des contrats pétroliers.

Les blocs sont attribués par contrat pétrolier ou autorisation de prospection. Dans la première hypothèse, il faut un appel d'offres ou une consultation directe.

[291] Sur la distinction demande d'autorisation de prospection et de titres miniers d'hydrocarbures, voir l'article 3 du Décret d'application de la loi n° 2019-03 du 1er février 2019 portant Code pétrolier.

3. Le formalisme spécifique au contrat de partage de production

141. Le législateur sénégalais, dans le Code pétrolier, a prévu une liste d'éléments devant figurer dans le contrat de partage de production. Cette liste est loin d'être exhaustive. Pour avis, le CPP est transmis au ministre des Finances par le ministre chargé des Hydrocarbures. Le ministre des Finances devra se prononcer (si à l'expiration du délai de 21 jours à compter de la réception de la demande d'avis le ministre ne se prononce pas, les dispositions sont réputées conformes) sur les dispositions financières fiscales et douanières. Le contrat de partage de production est signé par le ministre chargé des Hydrocarbures, la société pétrolière nationale et les demandeurs d'autorisation d'exploration d'hydrocarbures. Il est approuvé par décret et publié au *Journal officiel*.

4. La négociation des contrats pétroliers et gaziers

142. Dans le Code pétrolier de 2019, la négociation concerne tout contrat pétrolier[292]. Mais le fait que le terme négociation apparaisse dans des développements relatifs aux blocs et que le décret d'application du Code pétrolier n'en parle que concernant les blocs permet d'arriver à la conclusion que la négociation ne s'apprécie que dans l'attribution des blocs. Suivant l'article 8 dudit décret, c'est après appel d'offres ou consultation directe, négociation, que le contrat portant attribution d'un bloc est conclu. En quoi consiste la négociation ? Poser une telle question n'est pas dénué de sens dans la mesure où le législateur, à l'article 12 du Code pétrolier spécifie les personnes habilitées à négocier le contrat pétrolier, demeure silencieux sur le contenu de cette notion. Se référant au droit français, relevons que les négociations désignent la phase précontractuelle de discussion entre les parties concernant le contrat projeté[293]. Les articles 1112 à 1112-2 issus de l'ordonnance du 10 février 2016 sont relatifs à la négociation. Comme précisé, la négociation des contrats extractifs est très singulière en ce qu'elle s'inscrit dans la longue durée (appel d'offres, achat de documents géologiques et géophysiques auprès du Gouvernement, choix d'une zone-champ, soumission d'une offre au Gouvernement, pré-avant-contrat, *Memorendum Of Understanding (*MOU), négociation ensuite pour préciser le MOU, signature d'un protocole d'accord sur

---

292 Article 12.

293 Fiches d'orientation Négociations précontractuelles, juin 2020.

ces points, signature par les parties dont le gouvernement du contrat, éventuelle ratification par le Gouvernement…)[294]

143. Ici, deux questions principales peuvent être avancées : qui négocie le contrat pétrolier et comment celui-ci est-il négocié ? En guise de réponse à la première question, relevons qu'il s'agit du ministre chargé des Hydrocarbures[295]. Relativement à la seconde question, il convient de préciser que le ministre chargé des Hydrocarbures peut s'appuyer sur une commission d'examen et de négo-ciation des contrats pétroliers dont les modalités d'organisation et de fonctionnement sont fixées par arrêté conjoint du ministre chargé de Finances et du ministre chargé des Hydrocarbures. Ces prérogatives, le ministre du Pétrole et des Énergies les tient de plusieurs textes :

– l'article 12 alinéa 2 du Code pétrolier de 2019 ;

– les articles 4 et 8 du Décret n° 2020-2061 du 27 octobre 2020 fixant les modalités d'application de la loi n° 2019-03 du 1er février 2019 portant Code pétrolier ;

– le Décret n° 2019-780 du 17 avril 2019, relatif aux attributions du ministre du Pétrole et des Énergies ;

– le Décret n° 2019-1841 du 7 novembre 2019 relatif aux attributions du ministre du Pétrole et des Énergies notamment son article 1er qui rappelle les attributions du ministre en question. Ce Décret a abrogé le Décret n° 2019-961 du 29 mai 2019 relatif aux attributions du ministre du Pétrole et des Énergies. Le Décret n° 2019-1841 du 7 novembre 2019 a-t-il été abrogé par celui n° 2020-2209 relatif aux attributions du ministre du Pétrole et des Énergies ? Rien n'est moins sûr vu que le premier Décret cité a été visé par le Décret n° 2020-924 portant organisation du ministère du Pétrole et des Énergies.

B- Les droits et obligations des titulaires de contrats pétroliers et gaziers

144. À l'instar de tout contrat, les contrats pétroliers et gaziers octroient certes des droits aux contractants, mais génèrent des obligations. On peut d'ailleurs les ranger dans la catégorie des contrats

---

[294] Le Lamy Contrats internationaux, 2017, n° 361-6.

[295] Le ministère qu'il dirige se nomme « ministère du Pétrole et des Énergies », Pour plus d'informations, V.www.energie.gouv.sn. Le fondement textuel des prérogatives de négociateur du ministre du Pétrole et des Énergies c'est l'article 12 alinéa 2 du Code pétrolier.

synallagmatiques. Nous étudierons donc tour à tour les droits (1) et obligations (2) des titulaires de contrats pétroliers et gaziers.

1. Les droits des titulaires de contrats pétroliers et gaziers

145. Sans prétendre à l'exhaustivité, nous pouvons citer :

– Exonération de droits et taxes de douanes y compris prélèvement du COSEC durant les périodes d'exploration, d'évaluation et de développement pour par exemple matériels, matériaux, fournitures, machines importés (c'est dire que durant la phase de production ou exploitation, ces droits sont dus) ;

– contracter à l'étranger des emprunts nécessaires à l'exécution des activités au Sénégal ;

– libre mouvement des fonds afférents au paiement au titre des opérations courantes ;

– le droit à une période de rétention si le gisement d'hydrocarbures n'est pas exploitable commercialement dans l'immédiat (2 ans pour les hydrocarbures liquides et 5 ans pour les hydrocarbures gazeux) ;

– rémunération (part de la production si nous sommes en présence d'un contrat de partage de production pour rembourser les coûts pétroliers effectivement supportés et payés par le contractant. Or, en présence d'un contrat de services, le contractant reçoit une rémunération en numéraire ou en nature) ;

– droit pour les clients éligibles de conclure des contrats d'achat et de vente de gaz naturel.

2. Les obligations des titulaires des contrats pétroliers et gaziers

146. Il s'agit de :

– paiement du *bonus* de signature (lors de la phase d'exploration), du *bonus* de production (autorisation exclusive d'exploitation)[296] ;

– réalisation des travaux de développement de la découverte commerciale ;

– respect de l'environnement, de la santé, des règles d'hygiène et de sécurité ;

---

[296] Le *bonus* de développement est un ensemble de sommes versées lorsque la production a atteint un certain seuil fixé dans le contrat. V. TUELLE-PAMBO Imelda, *op. cit.*, p. 25 note de bas de page 23.

– responsabilité à l'égard de l'État et des tiers si plusieurs personnes morales sont co-titulaires d'un contrat pétrolier ;

– soumission à l'impôt sur les sociétés ;

– tenue d'une comptabilité ;

– paiement de loyer superficiaire (il est exigible à compter de la signature du contrat pétrolier par exemple. 30 dollars par an et par km^2 en période d'exploration ; 50 dollars, ou 75 dollars par an et par km^2 en période d'exploitation) ;

– engagement de dépenses sociales non recouvrables au profit des populations (période d'exploration et de production) ;

– respect et protection des droits humains ;

– indemnisation de l'État et/ou toute personne par le titulaire du contrat pétrolier pour préjudices résultant des opérations pétrolières causés par lui-même ou les entreprises travaillant pour son compte[297] ;

– respect des obligations découlant du contenu local par le titulaire du contrat pétrolier (les investisseurs privés nationaux disposant de capacités techniques et financières doivent participer aux risques et aux opérations pétrolières, accorder la préférence aux entreprises sénégalaises pour tous les contrats de construction ou de prestations de services par exemple, employer du personnel sénégalais en priorité pour la réalisation des opérations pétrolières, à qualification égale, transfert de technologie au profit des entreprises sénégalaises, verser un cautionnement pour la réhabilitation et la restauration des sites, formation professionnelle des cadres et techniciens sénégalais) ;

– approvisionnement du marché local (c'est que les produits de l'exploitation d'hydrocarbures sont destinés soit à l'exportation, soit à la consommation locale. Mais les titulaires de l'autorisation exclusive doivent, en priorité, affecter les produits de leur exploitation à la couverture des besoins de consommation intérieure du pays).

– transparence des paiements faits à l'État conformément aux principes et exigences de l'ITIE ;

---

[297] Selon Arlette HEYMANN-DOAT, le droit de propriété est un droit à indemnisation en cas de perte de l'objet possédé, il n'est pas le droit de conserver sa propriété sur cet objet. HEYMANN-DOAT Arlette, *50 libertés et droits fondamentaux*, Dalloz, 2e édition, pp. 211-212.

– mettre à la disposition des agents habilités[298] ou des personnes mandatées par le ministre en charge des Hydrocarbures tous moyens d'accès aux installations temporaires ou permanentes, constructions ou chantiers. Ce faisant, les titulaires des contrats pétroliers doivent leur fournir des informations, données, renseignements, documents nécessaires à la bonne exécution de leur mission ;

– accorder la préférence aux entreprises sénégalaises comme l'article 53 ancien Code pétrolier de 1998.

Paragraphe 3. La fin des contrats extractifs

147. Le contrat prend fin à l'arrivée de son terme, en cas de résiliation, de renonciation. Nous examinerons cependant la cession, transmission des titres (**A**), résiliation du contrat (**B**) et contentieux (**C**).

A- La cession et transmission des titres

148. Les titres miniers d'hydrocarbures sont cédés à des personnes morales qui disposent des capacités techniques et financières pour mener à bien les opérations pétrolières. Les actes de cession et de transmission doivent être approuvés par le ministre chargé des Hydrocarbures. Voir également les articles 47 du décret d'application du Code pétrolier et 18, 21 du Code gazier. Le Code général des impôts contient des règles relatives à la fiscalité des cessions de droits portant sur les titres miniers d'hydrocarbures, en phase d'exploitation. Toute cession qui ne respecterait pas les règles susvisées est nulle et de nul effet.

De même, tout changement de contrôle doit être notifié dans les dix jours à compter de sa prise d'effet au ministre chargé des Hydrocarbures

B- La résiliation du contrat

149. Dans le Code pétrolier de 2019, le contrat peut être résilié dans trois cas :

– violation du Code pétrolier et dispositions relatives aux opérations pétrolières ;

---

298 Les agents habilités veillent à l'application du Code pétrolier, des textes pris pour son application et des contrats en cours de validité. Ils sont chargés de la surveillance administrative et technique, du contrôle de la sécurité des opérations pétrolières. Au-delà, relevons qu'en plus des agents habilités par le ministre en charge des Hydrocarbures, la surveillance et le contrôle des opérations pétrolières, il y a les prérogatives des autres services de l'État sans précision desquels.

– ouverture d'une procédure collective du contractant ou de sa société-mère ;

– inobservation des clauses du contrat lorsqu'aux termes de celui-ci, leur violation entraîne la résiliation.

Après mise en demeure non suivi d'effet dans un délai maximal de deux mois, la résiliation du contrat pétrolier est prononcée par décret motivé.

C- Le contentieux extractif

150. Un examen des dispositions du Code pétrolier ivoirien permet de déceler les contours de la notion de contentieux, en dépit de l'existence d'un ouvrage consacré à cette situation pour le moins inhabituelle. Ce faisant, on peut comprendre qu'il s'agit des cas de force majeure, de la stabilité des conditions[299], des délits et infractions commis par des titulaires des contrats pétroliers, leurs sous-traitants et préposés. Cela pose donc la question du juge compétent pour connaître de ce contentieux et partant celle du recours aux modes alternatifs de règlement des différends. Dans tous les cas, les pouvoirs de l'État sont loin d'être négligeables. Il peut donc prononcer la déchéance du contrat ou retirer une autorisation.

Ce contentieux a non seulement des sources (1) fait également l'objet d'un traitement (2).

1. Les sources du contentieux

Elles résultent des infractions au Code pétrolier (a) et gazier (b).

a- De quelques infractions au Code pétrolier

Il s'agit de :

– renseignements inexacts pour se faire attribuer un contrat pétrolier ;

– vol ou recel de substances pétrolières ;

– détournement de substances pétrolières ou gazières.

L'amende fixée par le législateur peut varier entre 1 million à 20 000 000 de dollars US.

Les infractions au Code pétrolier sont constatées par des procès-verbaux établis par des agents habilités et assermentés. Précisons

---

[299] V. Caroline ASFAR CAZENAVE, « Les stratégies d'anticipation des risques dans les contrats internationaux », *Revue Le Lamy Droit des Affaires*, n° 91, 1er mars 2014.

également que toute personne qui s'oppose sans droit ni titre à l'occupation des terrains dûment autorisés aux opérations pétrolières est punie des peines prévues par le Code pénal en matière de violence et de voies de fait.

b- De quelques infractions au Code gazier

151. Il s'agit de l'exercice de toute activité prévue dans le Code gazier sans l'obtention d'une licence ou une concession[300]. Les condamnations de cette infraction se font suivant les dispositions prévues au Titre VII dudit Code. Ainsi, s'il est vrai que les activités des segments intermédiaires et aval du secteur gazier sont soumises à la surveillance et au contrôle de l'organe de régulation, le ministère public ainsi que les administrations compétentes peuvent exercer leurs prérogatives.

2. Le traitement du contentieux

152. Les litiges sont réglés dans le Code minier en priorité, par les tribunaux étatiques sous réserve de ce qui est prévu dans la convention minière ou le contrat de partage de production. En revanche, dans le Code pétrolier, il existe plusieurs mécanismes de règlement des différends. Il peut s'agir de consultations, bons offices, médiation, conciliation, arbitrage, tout mécanisme juridictionnel ou non convenu entre les parties pour le règlement des différends. Le législateur sénégalais aurait-il été influencé par le propos de Lhuilier selon qui : « Il reste que le choix… »[301]. En effet, les clauses d'arbitrage entre investisseur et État permettent d'assurer un certain niveau de protection aux investissements étrangers. Pour l'investisseur, il s'agit d'échapper à la compétence de la juridiction nationale de l'État d'accueil, dont la neutralité par rapport à la protection de l'investissement étranger est régulièrement remise en question[302]. Le recours à l'arbitrage d'investissement « est tout simplement la condition même de l'investissement international » selon Thomas Clay[303]. Le recours à l'arbitrage a bien eu lieu dans les affaires opposant la Libye aux compagnies pétrolières ou le Koweït à celles-ci. L'arbitrage peut avoir

[300] Article 16 alinéa 2 du Code gazier.

[301] LHUILIER Gilles, « La concurrence normative transnationale », *RIDE*, 2018/3, p. 255.

[302] GRUDLER Clara, « Droit de l'Union européenne et arbitrage d'investissement : de la systématisation d'un recours à l'arbitrage d'investissement au constat d'un conflit ontologique », *Horizons du droit - Bulletin* n° 27, 2021, p. 100.

[303] C. URUGANDA, « Supprimer les tribunaux d'arbitrage privés pour régler des litiges internationaux, une fausse bonne idée ? », *L'Usine nouvelle*, 5 avril 2021.

lieu devant plusieurs tribunaux arbitraux, cours[304] ou centres dont le CIRDI. Créé en 1965 sous les auspices de la Banque mondiale, le Centre international pour le Règlement des Différends relatifs aux Investissements (CIRDI) marque un nouveau progrès dans le développement de l'arbitrage institutionnalisé. À la différence des autres institutions existantes, il connaît exclusivement des litiges entre États et investisseurs privés étrangers et plus précisément- c'est sa vocation première- de ceux qui opposent les pays en voie de développement aux sociétés des pays industrialisés[305].

En droit OHADA, le fondement de l'arbitrage, outre la convention d'arbitrage est l'instrument relatif aux investissements. L'expression « instruments relatifs aux investissements » est mentionnée à l'article 3 de l'Acte uniforme relatif au droit de l'arbitrage à propos du fondement de l'arbitrage[306]. Selon le législateur de l'OHADA, il s'agit notamment :

– du Code des investissements ;

– des traités bilatéraux ou multilatéraux relatifs aux investissements.

L'adverbe « notamment » prouve à suffisance que la liste des instruments relatifs aux investissements n'est pas exhaustive. Ainsi, nous pouvons citer :

– Le Décret n° 2014-1212 du 22 septembre 2014 portant code des marchés publics[307] ;

– La loi n° 2014-09 du 20 février 2014 relative aux contrats de partenariats abrogée par la loi n° 2021-01 du 22 février 2021 relative aux contrats de partenariat public-privé ;

– L'Acte uniforme relatif au droit des sociétés commerciales et GIE ;

– Le Règlement n° 09/2010/CM/UEMOA du 1er octobre 2010 relatif aux relations financières extérieures des États membres de l'UEMOA[308].

---

304 Cour d'arbitrage de la chambre de commerce internationale, Cour arbitrale internationale pour le commerce et l'industrie (créée le 3 juin 1982).

305 RAMBAUD Patrick, « Premiers enseignements des arbitrages du CIRDI », *AFDI*, 1982, p. 471.

306 Selon le législateur de l'OHADA, l'arbitrage est fondé sur la convention d'arbitrage et les instruments relatifs aux investissements.

307 Les marchés publics, les délégations de services publics et les contrats de partenariats sont des contrats administratifs par détermination de la loi. Pour ces deux catégories de contrats, V. Article 10 nouveau du Code des obligations de l'administration.

308 L'investissement direct est défini comme l'achat, la création ou l'extension d'un fonds de commerce, de succursales ou de tout autre entreprise à caractère personnel,

Qu'est-ce qu'un traité d'investissement ? Les traités d'investissement sont des accords internationaux entre les Gouvernements qui créent des obligations pour les États relatives à la façon dont ils traitent les investisseurs de l'autre partie au traité. Ils peuvent être des accords autonomes entre deux États, généralement connus sous le nom de traités d'investissement bilatéraux ou TIB. Par ailleurs, ils peuvent être des accords régionaux, comme on en trouve actuellement l'application à la région de la SADC et l'accord en attente d'entrée en vigueur du COMESA. Les traités d'investissement peuvent également être trouvés au sein de traités généraux de libre-échange conclus soit au niveau bilatéral soit au niveau régional. En effet, il devient de plus en plus commun pour les accords de libre-échange d'inclure des chapitres sur l'investissement qui se rapprochent étroitement des TIB en termes de portée et de contenu[309].

153. Mais aussi bien en Europe qu'en Afrique, des réactions se sont fait entendre au sujet de l'arbitrage d'investissement[310].

---

toute opération ayant pour effet de permettre à une ou plusieurs personnes de prendre ou d'accroître le contrôle d'une société agricole, industrielle, commerciale, financière ou immobilière. Lorsque la participation n'excède pas 10 % on ne peut parler d'investissement direct. Voir ce faisant, les articles 176 et suivants de l'Acte uniforme relatif au droit des sociétés commerciales et GIE et 9 du Code pétrolier qui précise que la PETROSEN peut détenir au minimum 10 % de parts dans la société des titulaires de contrats pétroliers ou d'autorisation de prospection. L'article 63 du Code pétrolier rappelle que les opérations pétrolières sont soumises à ce règlement.

309 Les traités bilatéraux d'investissement, l'exploitation minière et les champions nationaux : en assurer le succès, Rapport de recherche de l'Institut international du Développement durable, juin 2014 : 15.

310 BISSALOUE Sylvie, « La protection des contrats d'investissement privés étrangers en Afrique », Revue Lamy droit des affaires, n°141, 1er octobre 2008

CONCLUSION

154. Le professeur Jean Denis Bredin doutait de l'influence de la doctrine sur l'office du juge en raison du fait que les deux colonnes de la justice sont la jurisprudence[311] et l'éthique[312]. Mais il s'agissait d'un doute lucide. Pour s'en convaincre, nous pouvons nous référer à ces propos : « le juge peut toujours ignorer la doctrine ou s'en moquer : il reste d'une certaine manière son enfant. »[313] Ainsi donc, lorsqu'une nouvelle loi est adoptée, les commentateurs ou ses destinataires se posent très souvent une question triviale : quoi de neuf? Au-delà, il n'est pas interdit de s'interroger sur sa modernité, son caractère révolutionnaire ou pas.

155. Faisons remarquer que par moment, on peut noter des contradictions dans la loi n° 2019-03 du 1er février 2019 portant Code pétrolier. À titre d'exemple, les personnes habilitées à entreprendre des opérations pétrolières. Est-il pertinent, comme le fait le législateur à l'article 6 du Code pétrolier de 2019, d'y associer les personnes physiques ? Tout porte à croire que non dans la mesure où les opérations pétrolières sont entreprises par une personne morale qui dispose des capacités techniques et financières requises autorisée par l'État (article 10 du même Code). Au-delà, il y a la notion de « développement ». En effet, on peut se poser la question de savoir à quel moment la participation de la société pétrolière nationale équivaut à au moins 10 % et peut aller jusqu'à 20 %. Un examen de l'article 9 du Code pétrolier permet de donner une réponse évidente :

– au moins 10 % en phase d'exploration, de développement et redéveloppement ;

---

311 DEGUERGUE Maryse, « Jurisprudence », *in Dictionnaire de la culture juridique* sous la direction de Denis Alland et Stéphane Rials, PUF, 2003, pp. 883-888.

312 V. Ethique, *in* LALANDE André, *Vocabulaire technique et critique de la philosophie*, PUF, 1929 : 305-306.

313 BREDIN Jean-Denis, « Remarques sur la doctrine », *La semaine du droit*, Édition Générale, n° 38, 20 septembre 2021 :1686-1691.

– possibilité d'accroître la participation jusqu'à 20 % supplémentaires en phase de développement et d'exploitation.

Mais on aura remarqué que la notion de « développement » revient deux fois de suite de sorte que l'on a du mal à cerner ses contours. On peut également s'interroger sur la nature des différents avis donnés par l'organe de régulation au ministre en charge des Hydrocarbures : est-ce un avis conforme ou consultatif ?[314]. De même, il n'est pas certain que l'arrêté de classification des bénéficiaires du FADCL ait été pris. Dans le Code gazier, il a été spécifié que les conditions de transfert de la propriété des investissements réalisés ou projetés en infrastructures gazières à l'État sont fixées par décret en cas de retrait d'une licence ou d'une concession. En outre, l'article 21 du même Code dispose que « les procédures, modalités et critères d'attribution, de modification, de rejet, de cession, de transfert, de suspension, de renouvellement, de retrait et de renonciation sont fixés par décret ». Tous ces textes font-ils partie de l'ordonnancement juridique sénégalais ? Ce qui demeure certain, c'est l'absence d'adoption de la loi sur la répartition des revenus issus de l'exploitation des hydrocarbures. Toutes les incertitudes et incomplétudes justifient notre épigraphe !

[314] Élaboration et mise en œuvre par le ministre en charge des Hydrocarbures d'un plan de développement gazier (article 4 du Code gazier) après avis de l'Organe de régulation.

RÉFÉRENCES BIBLIOGRAPHIQUES

I- **Ouvrages**

BEDJAOUI (M.), *Pour un nouvel ordre économique international*, UNESCO, 1979, collection « Nouveaux défis au droit international », 295 p.

DE Nanteuil (A.), *Droit international de l'investissement*, Pedone, 2014, 431, p.

D'HERBES (J.), TOUSCOZ (J.), *Les contrats internationaux de coopération industrielle et le nouvel ordre économique international*, PUF, 1980, 350 p.

DEUMIER (P.), *Le droit spontané*, préface J.-M. Jacquet, Economica, 2002.

DIEYE (S.), *Le vade mecum fiscal*, L'Harmattan Sénégal, 2019, 339 p.

ESSAGA (S.), *Droit des hydrocarbures en Afrique, Recueil commenté de textes*, L'Harmattan, 2013, 783 p.

HOTTE (S.), *La rupture du contrat international, contribution à l'étude du droit transnational des contrats*, Defrénois, Tome 28, collection de thèses, 476 p.

JUDET (P.), KAHN (PH.), KISS (A. CH.), TOUSCOZ (J.), *Transfert de technologie et développement*, LITEC, Paris 1977.

LAVIEC (J.-P.), *Protection et promotion des investissements, Étude de droit international économique*, Graduate Institute Publications, 1985, 331 p.

LAZARUS (C.), LEBEN (CH.), LYON-CAEN (A.), VERDIER (B.), *L'entreprise multinationale face au droit,* LITEC, Paris 1977.

LAURIOL (TH.), RAYNAUD (E.), *Le droit pétrolier et minier en Afrique*, L.G.D.J, 2016, 588 p.

MESTRE (J.), *Les principales clauses des contrats d'affaires*, Lextenso, 2018, 944 p.

NIANE (B.), *Le régime juridique et fiscal du code des investissements au Sénégal,* NEA, collection CREDILA, 1976, 216 p.

ROSENBLUM (P.), MAPLES (S.), *Contrats confidentiels : Pour en finir avec les accords secrets dans le secteur extractif,* Revenue Wattch Institute, 2009, 108 p.

TONYE (A.), *Pratique juridique des financements structurés en Afrique,* L'Harmattan, 2010, 304 p.

TUELLE-PAMBO (I.), *L'exploration-production offshore des hydrocarbures, Prévention, répression et réparation des déversements illicites d'hydrocarbures*, PUAM, 2018, 843 p.

WA MPUNGU (G. B.), *Droit minier et des hydrocarbures en Afrique centrale, Pour une gestion rationnelle, formalisée et transparente des ressources naturelles*, Larcier, 2009, 344 p.

II- Thèses

EBTISSAM (E. K.-C.), La stabilisation des contrats pétroliers, Thèse, Université Paris 1, 2017, 545 p.

FALL (C.-L.), La protection juridique des investissements directs étrangers dans les pays en développement : l'exemple de l'Afrique de l'Ouest, Thèse Bordeaux, 2018, 726 p.

JEAN (G.-A.), Le droit des investissements internationaux face à l'Union européenne, Thèse, Dauphine, 2016, 580 p.

III- Articles

AIVO (F.-J.), « La Constitution de la République du Bénin, la Constitution de tous les records en Afrique », CACI, 2010.

AUDIT (M.) et alii, « Pour une recherche juridique critique, engagée et ouverte », Recueil Dalloz, 2010, p. 1505.

BARRIERE (F.) et alios, « L'incidence de la réforme du droit des contrats sur les opérations d'acquisition », Rev. sociétés 2016. 639.

BASTID Suzanne, « Le droit international public dans la sentence arbitrale de l'aramco », AFDI, 1961, pp. 300-311.

BEREZOWSKI (C.), « La reconnaissance internationale des différents régimes de propriété », RGDIP, 1961, pp. 743.

BLAISE (H.), « Les fonds propres de l'entreprise », in Mélanges Jean Derrupé, pp. 215-226.

BOY (L.), « Normes techniques et normes juridiques », Cahiers du Conseil constitutionnel, 2007, n° 21, Dossier La normativité.

BOURGUIGNON (D.), « Quel rapport entre libéralisation du marché gazier et sécurité énergétique ? Comment Bruxelles tente d'assurer son approvisionnement en gaz naturel sur fond de tensions avec Moscou », Revue du Marché commun et de l'Union européenne 2008, p. 178.

BURDEAU (G.), « Droit international et contrats d'Etats, la sentence AMINOIL c/KOWEIT du 24 mars 1982 », AFDI, pp.454-470.

CAILLAUD (B.), LE CANNU (P.), « Théoriciens et praticiens, réflexions sur l'interdépendance des juristes d'affaires », in Mélanges Derrupé, LITEC 1991, pp. 19-28.

CAPDEVILLE (J.-L.) « Le renforcement du droit régissant l'identification du bénéficiaire effectif en droit des sociétés », Rev. sociétés 2020. 399.

CHAMPAUD (C.), « Droit économique comparé et privatisation des économies administrées », Mélanges en l'honneur de Yvon Loussouarn, Dalloz, pp. 119-133.

CHANTEPIE (G.), « L'exigence de clarté dans la rédaction du contrat », RDC, 2012, n° 3, p. 989.

DE GRANDCOURT (J.-L.), « Les compétences respectives du juge des référés et de l'arbitre international », in Mélanges en l'honneur de Yvon LOUSSOUARN, Dalloz, 1994, pp. 203-216.

DEHARO (G.), « Le rôle de l'avocat dans la gestion du risque juridique en entreprise », Gaz.Pal, 2011, n° 18, p. 15.

DENIS (D.), « La clause de style », in Etudes Jacques Flour, pp. 117-150.

DESPRES (L.), BOUGET (D.), « De l'exploitation des ressources naturelles à la satisfaction des besoins fondamentaux dans une transition écologique », Droit et société, 2019/1 n° 101, pp. 71-85.

DRAGO (R.), « Paradoxes sur les contrats administratifs », in Etudes Jacques Flour, pp. 151-162.

FARINELLI (M. L.) « La norme technique : une source du droit légitime ? », RFDA 2005. 738.

FARJAT (G.), « Réflexions sur les codes de conduite privés », in Mélanges Goldman, p. 47 ; « Nouvelles réflexions sur les codes de conduite privés », in Après la déréglementation, les nouvelles formes de régulation, LGDJ, 1998.

FATOUROS (A.-A.), « Le projet de Code international de conduite sur les entreprises transnationales : essai préliminaire d'évaluation », JDI, 1980, n° 1, pp. 6-47.

FISCHER (G.), « La souveraineté sur les ressources naturelles », A.F.D.I, 1962, pp. 516-528.

FOUCHARD (PH.), « L'adaptation des contrats à la conjoncture économique », Rev.arb. 1979, 67.

GALI (H.), « Le préjudice et l'environnement », Recueil Dalloz, 2021, p. 709.

GAUTRON (J.-C.), « Les conventions d'établissement conclues par le Sénégal avec des entreprises », Annuaire français de droit international, 1968, pp. 650-670.

GIRAUD (P.-N.), « Ressources ou poubelles ? », Le Débat, 2014/5 n° 182, pp. 165-176.

GOLDMAN (B.), « La lex mercatoria dans les contrats et l'arbitrage internationaux : réalité et perspectives, Clunet 1979, 475.

GRUDLER (C.), « Droit de l'Union européenne et arbitrage d'investissement : de la systématisation d'un recours à l'arbitrage au constat d'un conflit ontologique », Horizons du droit - Bulletin n° 27, 2021, pp. 99-150.

HAFTEL (B.), « La conclusion du contrat dans le projet d'ordonnance portant réforme du droit des obligations », Gazette Palais, 30 avril 2015, n° 120, page 8.

HONORAT (J.), « Les indexations contractuelles et judiciaires », in Etudes Jacques Flour, pp. 251-304.

HAUSER (J.), « L'apport du droit économique à la théorie générale de l'acte juridique », in Mélanges Jean Derrupé, pp. 1-16.

HOWSE (R.), « Le gel de la politique gouvernementale : les clauses de stabilisation dans les contrats d'investissement », IISD, n° 3, Volume 1, Avril 2011, p. 3 et s.

ILCHEVA (A.-M.), « Condamnation de Shell aux Pays-Bas : la responsabilité climatique des entreprises pétrolières se dessine », Recueil Dalloz, 2021, p. 1968.

JAMIN (C.), XIFARAS (M.), « De la vocation des facultés de droit (françaises) de notre temps pour la science de l'enseignement », Revue interdisciplinaire d'études juridiques, 2014/1, Volume 72, pp. 107-140.

JONATHAN (G. C.), « L'arbitrage Texaco-Calasiatic contre Gouvernement Libyen », AFDI, 1977, pp. 452-479.

JUILLARD (P.), « Les conventions bilatérales d'investissement conclues par la France », JDI, 1979, n° 1, pp. 274-325.

KAHN (PH.), « L'interprétation des contrats internationaux », JDI, 1981, n° 1, pp. 5-28.

LALIVE (P.), « L'influence des clauses arbitrales », RBDI, pp. 570-580.

LASSERRE-KIESOW (V.), « L'ordre des sources ou Le renouvellement des sources du droit », D. 2006. 2279.

LEBEN (CH.), « L'évolution de la notion de contrat d'État », Rev. arb. 2003, spéc/p. 644.

LEROY (Y.), « La notion d'effectivité », Droit et société 79/2011, pp. 715-732.

LHUILIER (G.), « Les règles de la justice environnementale », La Semaine juridique, Edition Générale, n° 1, 10 Janvier 2022, pp. 65-70.

MANCIAUX (S.), « Que disent les textes OHADA en matière d'investissement ? », Revue de l'ERSUMA, n° 1- Juin 2012, pp. 268-275.

MANIN (PH.), « Le Centre pour le règlement des différends de l'agence internationale de l'énergie », AFDI, 1981, pp. 231-249.

MARTIN (D.), SIRET (J.), « Quelle compétence d'attribution et territoriale en cas de mise en cause du devoir de vigilance ? », Recueil Dalloz, 2021, p. 1044.

MAYER (P.), « La neutralisation du pouvoir normatif de l'État », JDI 1986, pp. 5-78.

MESTRE (J.), « La prudence est de rigueur pour les négociateurs dans la phase précontractuelle », RTD civ. 1998. 97.

MONTERAN (TH.), « Liquidation judiciaire et sites pollués : une action en recherche de maternité », D.2010, p. 2859.

MOUSSERON (J.-M.), « La gestion des risques par le contrat », RTD civ, 1987, 1988, pp. 481-504.

NICINSKI (S), PINTAT (P.), « Libéralisation du secteur gazier, Loi n° 2003-8 du 3 janvier 2003 relative aux marchés du gaz et de l'électricité et au service public de l'énergie. JO 4 janvier, p. 265 », AJDA 2003 p. 223.

OPPETIT (B.),

– « L'adaptation des contrats internationaux aux changements de circonstances : les clauses de hardship », Clunet 1974, p. 794 et s.

– « L'arbitrage et les contrats commerciaux à long terme », Rev.arb. 1976, 91.

OSMAN (F.), « Avis, directives, codes de bonne conduite, recommandations, éthique, etc. : réflexion sur la dégradation des sources privées du droit », RTD civ. 1995, p. 509.

PARANCE (B.)

– « La loi Climat et Résilience, beaucoup de bruit pour presque rien ! », Loi n° 2021-1104, 22 août 2021, La Semaine Juridique Edition Générale, n° 41, 11 octobre 2021, doctr.1069.

– « Les métamorphoses du rôle des acteurs de la justice environnementale », La Semaine Juridique Edition Générale, n° 1, 10 janvier 2022, pp. 57-64.

PONTIER (J.-M.), « La certification, outil de la modernité normative », D. 1996, chr. p. 355.

RACINE (J.-B.), « Normalisation, certification et droit de la concurrence », RIDE 1998, n° 2, p. 147.

RAMBAUD (P.), « Premiers enseignements des arbitrages du C.I.R.D.I », AFDI, 1982, pp. 471 et s.

ROUHANI (F.), « Renégociation des contrats entre États et investisseurs privés », R.J.I.C, 1975, pp. 93-99.

SABLIERE (P.), « Une nouvelle source du droit ? » AJDA 2007. 66.

SAVATIER (R.), « La nécessité de l'enseignement d'un droit économique », Recueil Dalloz, 1961, pp. 117-120.

SCHAEFFER (E.), « La vente par les pays en voie de développement de produits industriels aux pays industrialisés », Rev.jur. et pol. 1974.

SHAPIRA (J.), « Les contrats internationaux de transfert technologique », JDI, n° 1, 1978, pp. 5-37.

TEYSSIE Bernard, « Le plan de vigilance. Trois années d'application », Recueil Dalloz 2021, p. 1823.

TOUSCOZ (J.), « La nationalisation des sociétés pétrolières françaises en Algérie et le droit international », RBDI, 1972-2, pp. 482-502.

TROCHU (M.), « L'intervention de la notion de temps dans les contrats internationaux à exécution successive », in Mélanges en l'honneur de Yvon LOUSSOUARN, Dalloz, 1994, pp. 378-389.

VAN BOGAERT (E.), « Le sens de la clause "rebus sic stantibus" dans le droit des gens actuel », RGDIP, 1966, pp. 49-74.

VERHOEVEN (J.), « Droit international des contrats et droit des gens », RBDI, 1978-1979, n° 1, pp. 209-230.

VIRALLY (M.), « Vers un droit international du développement », AFDI, 1965, pp. 3-12.

YOLKA (PH.), « Remarques sur le contentieux des dommages causés au réseau de distribution d'énergie électrique par les véhicules automobiles, Note sous Tribunal d'instance de Chambéry, 15 octobre 2002, EDF c/SARL TP Multi Services et Axa Assurances », RFDA 2003 p. 491.

YOMBI FASSEU (F.), « La joint-venture dans le contexte sino-africain : éléments pour une lex mercatoria sino-africaine », Revue de l'ERSUMA, n° 1 -juin 2012, pp. 208-218.

IV- Actes de colloque et dictionnaire

CORNU (M.), ORSI (F.), ROCHFELD (J.), *Dictionnaire des biens communs*, PUF, 2017, 1e édition, 933 p.

– L'anticipation des risques par l'entreprise, La Rochelle, 31 janvier 2014, Revue Lamy droit des affaires, N° 91, 1er mars 2014.

– Le big bang des devoirs de vigilance ESG : les nouveaux enjeux RSE et droit de l'homme, Revue Lamy droit des affaires, n° 104, 1er mai 2015.

Le contrat en mouvement : négociation, rédaction, devenir, Droit et Patrimoine, N° 72, 1er juin 1999.

V- Webographie

HAMDOUNI (S.), commentaire de l'ouvrage Les contrats d'État à l'épreuve du droit international, de Lankarani El-Zein, Leila. Coll. Droit international, Bruxelles, Éditions Bruylant, Éditions de l'Université de Bruxelles, 2001, 572 p, Études internationales, volume XXXIV, no 2, juin 2003, pp. 308-310, https://www.erudit.org/en/journals/ei/1900-v1-n1-ei775/009184ar.pdf, consulté le 02-01-2022 à 12 h 31 mn.

(Dir) KAHN (PH.), Les hydrocarbures gazeux et le développement des pays producteurs, LITEC, Travaux du CREDIMI, vol. 2, 1974, https://credimi.u-bourgogne.fr/productions-scientifiques/ouvrages-publies-par-le-credimi/33-productions-scientifiques/productions-scientifiques/59-les-hydrocarbures-gazeux.html, consulté le 02-01-2022 à 12 h 24 mn.

LALIVE (P.), « Réflexions sur l'Etat et ses contrats internationaux, Leçon inaugurale », Institut universitaire des hautes Etudes internationales, Genève, 1976, collection Conférences, n° 12, http://www.lalive.ch/data/publications/49_Reflexions_sur_l'Etat_et_ses_contrats_internationaux_Conferences_IUHEIG.pdf, consulté le 02-05-2021, à 14 h 55 mn.

MANN (F. A.), SEIDL-HOHENVELDERN (I), LALIVE (P), VAN HECKE (G), « Contrats entre Etats et personnes privées étrangères », http:/rbdi.bruylant.be/public/modele/rbdi/content/files/, consulté le 02-05-2021 à 15 h 27 mn.

NOEL (P.)

– « Etats-Unis et Moyen-Orient : le pétrole ne fait pas la politique », Sociétal, n° 42, 2003, pp. 75-80, www.inis.iaea.org, consulté le 24-07-2021 à 8 h 23 mn.

– Le droit international et le marché des permis pétroliers, www.wec-france.org, consulté 24-07-2021 à 8 h 23 mn (à lire absolument).

– « Pétrole et sécurité internationale : de nouveaux enjeux », www.osti.gov, consulté le 24-07-2021 à 8 h 41 mn (à lire absolument).

Principes pour des contrats responsables intégrer la gestion des risques pour les droits de l'homme dans les négociations contractuelles entre états et investisseurs, conseils pour les négociateurs, Publications des Nations Unies, 2015, 47, p, https://www.ohchr.org/Documents/Publications/Principles_ResponsibleContracts_HR_PUB_15_1_FR.pdf, consulté le 02-05-2021, à 14 h 8 mn.

RATOVONAVALONA Dominique, La souveraineté permanente sur les ressources naturelles en matière d'investissement, http://biblio.univ-antananarivo.mg/pdfs/ratovonavalonaDominique_DT_M1_09.pdf, consulté le 02-05-2021, à 15 h 21 mn.

ROBERT-CUENDE (S.), Droits de l'investisseur étranger et protection de l'environnement, Contribution à l'analyse de l'expropriation indirecte, 2010 https://www.persee.fr/doc/afdi_0066-3085_2010_num_56_1_4652_t44_1018_0000_1, consulté le 02-01-2022 à 12 h 53.

ROUAULT David, « La rationalisation de l'imprévu dans le droit des contrats publics internes et des contrats d'Etat », Revue Juridique de l'Ouest, 2013 2 pp. 181-199, https://www.persee.fr/doc/juro_0990-1027_2013_num_26_2_4772, consulté le 02-05-2021 à 16 h 29 mn.

DANIC (O.), L'émergence d'un droit international des investissements, Contribution des traités bilatéraux et de la jurisprudence CIRDI, hal.archives-ouvertes.fr/tel-02166275/document, consulté le 02-01-2022 à 12 h 49.

TABLE DES MATIÈRES

Structures éditoriales du groupe L'Harmattan

L'Harmattan Italie
Via degli Artisti, 15
10124 Torino
harmattan.italia@gmail.com

L'Harmattan Hongrie
Kossuth l. u. 14-16.
1053 Budapest
harmattan@harmattan.hu

L'Harmattan Sénégal
10 VDN en face Mermoz
BP 45034 Dakar-Fann
senharmattan@gmail.com

L'Harmattan Cameroun
TSINGA/FECAFOOT
BP 11486 Yaoundé
inkoukam@gmail.com

L'Harmattan Burkina Faso
Achille Somé – tengnule@hotmail.fr

L'Harmattan Guinée
Almamya, rue KA 028 OKB Agency
BP 3470 Conakry
harmattanguinee@yahoo.fr

L'Harmattan RDC
185, avenue Nyangwe
Commune de Lingwala – Kinshasa
matangilamusadila@yahoo.fr

L'Harmattan Congo
67, boulevard Denis-Sassou-N'Guesso
BP 2874 Brazzaville
harmattan.congo@yahoo.fr

L'Harmattan Mali
ACI 2000 - Immeuble Mgr Jean Marie Cisse
Bureau 10
BP 145 Bamako-Mali
mali@harmattan.fr

L'Harmattan Togo
Djidjole – Lomé
Maison Amela
face EPP BATOME
ddamela@aol.com

L'Harmattan Côte d'Ivoire
Résidence Karl – Cité des Arts
Abidjan-Cocody
03 BP 1588 Abidjan
espace_harmattan.ci@hotmail.fr

Nos librairies en France

Librairie internationale
16, rue des Écoles
75005 Paris
librairie.internationale@harmattan.fr
01 40 46 79 11
www.librairieharmattan.com

Librairie des savoirs
21, rue des Écoles
75005 Paris
librairie.sh@harmattan.fr
01 46 34 13 71
www.librairieharmattansh.com

Librairie Le Lucernaire
53, rue Notre-Dame-des-Champs
75006 Paris
librairie@lucernaire.fr
01 42 22 67 13

www.ingramcontent.com/pod-product-compliance
Lightning Source LLC
LaVergne TN
LVHW021228061026
849535LV00008B/2967